世界十大科学家丛书

孟宪明　主编

伽利略传

李景文　编著

河南文艺出版社
· 郑州 ·

图书在版编目（CIP）数据

伽利略传/李景文编著. —郑州：河南文艺出版社，2016.8（2018.12 重印）

（世界十大科学家丛书/孟宪明主编）

ISBN 978-7-5559-0398-7

Ⅰ.①伽…　Ⅱ.①李…　Ⅲ.①伽利略，G.（1564—1642）-传记　Ⅳ.①K835.466.1

中国版本图书馆 CIP 数据核字（2016）第 160046 号

出版发行	河南文艺出版社
本社地址	郑州市鑫苑路 18 号 11 栋
邮政编码	450011
售书热线	0371-65379196
承印单位	河南瑞之光印刷股份有限公司
经销单位	新华书店
纸张规格	890 毫米×1240 毫米　1/32
印　　张	6.5
字　　数	115 000
版　　次	2016 年 8 月第 1 版
印　　次	2018 年 12 月第 2 次印刷
定　　价	23.00 元

科学的呼唤

卫星遨游太空，飞船探测火星，光电通信，电脑联网，信息高速公路……当今世界，对科学的呼唤和追求比以往任何时代都显得重要和紧迫。

在我们这个有着五千年历史的文明古国，在以文取士、以诗显名的文化传统里，我们不缺少"床前明月光"和"春眠不觉晓"的优美意境，也不缺少"大江东去"的豪迈和"小桥流水"的幽静，我们所缺少的，恰恰是一种对科学生死挚爱和舍命追求的精神。传统和意识可以改变，但改变需要努力，需要全民意识的觉醒。因此，党中央才把学科学、用科学定为我们的基本国策，甚至不惜动员学部委员为大众撰写科普读物，并一再要求在学生的教科书中不断增加科学内容的比重。

我们这套丛书，为牛顿、爱因斯坦、居里夫人、伽利略、爱迪生、达尔文、诺贝尔、哥白尼、法拉第、莱特兄弟等世界著名科学家作传，既具体介绍他们彪炳千古的科学贡献，也形象叙述他们发明、发现活动的完成过程。 我们不奢望孩子们现在就学会这些知识，如果他们能通过这套丛书了解并热爱这些科学家，我们也就感到由衷的满足了，因为热爱是最好的老师。

未来是属于孩子们的。

未来的大科学家就在你们中间。

主编　孟宪明

2016 年 6 月

目录

一

学校的老师想把他培养成圣职人员，他的父亲说："我的伽利略很聪明，足可以当医生。"可幼年的伽利略常在家里做他自己的玩具——些小机器，还常坐在室外观看星星，幼小的心灵里充满了奇妙的想法。"伽利略又在做梦了！"小伙伴们常常这样嘲笑他。

二

比萨城的大教堂里，悬挂着的吊灯来回地摆动着，冬去春来，年复一年。比萨大学的医科大学生，无意中发现吊灯"摆动幅度无论大小，所需的时间都相同"，感到很奇怪。

灯摆启示了他，"脉搏计数仪"诞生了。

三

数学家里奇对他说："你一定得读阿基米德和欧几里得的著作，虽然他们是古人，但他们的著作对我们今天仍然有用。阿基米德像你一样，一直在做实验！"

四

1590 年的一天中午，伽利略站在比萨斜塔的顶上，手中拿着两个铁球，对塔下围观的人群说："左手这个球重一磅，右手那个球重十磅，我将两个球一块儿往下扔，它们会同时着地。"

"他说得对！"人们喊道，"两个球同时着地了。"

五

威尼斯热情好客，帕多瓦学术自由，伽利略如鱼得水。一个学生说："我跟伽利略学习三个月，比跟其他人学习很多年得到的还要多。"伽利略的课轰动了帕多瓦大学，吸引了远方的青年。伽利略也赢得了威尼斯姑娘的爱，但他时刻牢记着父母的养育之恩需要报答。

六

伽利略不愿做医生，却很想帮助医生，围绕"我们怎样才能测出人体内血液的温度"这个问题，率领学生经过无数次的思考、无数遍的实验，终于使温度计问世了。

七

哥白尼的巨作《天体运行论》、开普勒耀眼新星的发现，使伽利略深深爱上了天文学。布鲁诺遭焚火刑柱，他为真理而献身的态度和精神，极大地震撼了伽利略的心灵！

1604 年，伽利略人生转变的起点。

八

受佛罗伦萨宫廷之邀，伽利略衣锦还乡，婚姻宣告破裂；受荷兰人利珀希"神奇镜筒"的启发，伽利略研制出高倍望远镜、显微镜，从此，神秘的宇宙面纱被揭开，微小的细菌、生物被发现。

九

1610 年，科学的曙光照亮大地，这曙光来自帕多瓦大学的一间小屋，伽利略利用望远镜观察到并计算出：

太阳静止不动，

月球在旋转。

十

春天的罗马，一个羊毛商的儿子受到最有名望的学者、大使的接待，得到主教和君主的邀宴共饮，受宠若惊；快乐的时刻，中年的伽利略不忘向达官显贵展示他的新发现，望远镜前，显贵们你争我抢，都想早一刻观赏到宇宙奇景，一饱眼福。

十一

一篇公正而诚实的报告《关于两种世界体系的对话》，惹恼了宗教会议的反对派，他们牵强附会，伪造假报告激怒教皇，从此，伽利略交上了噩运。

十二

冷酷的罗马教皇，扭曲的宗教审判，科学遭受摧残。《关于两种世界体系的对话》禁止流行，伽利略被宗教法庭判处监禁，爱女玛利亚告别人世。

十三

伽利略在监禁中写成《两种新科学的对话》，大胆提出了"如果一个物体往天上升得很高，重力不可能把该物体拉回来，物体就会继续前进，永不停止"的轨道说。牛顿将其写成两条定律：一、只有力才能推动物体；二、力的大小不同，运动的变化也不同。今天，人造卫星、宇宙飞船及人类对月球的探索就充分证明了伽利略理论的正确性。

十四

夕阳西下，晚年的伽利略双目失明，无法再去观测和演绎天空、地球、宇宙，但他仍在黑暗的境遇中探索昔日的发现和未完成的发明。

1642 年，78 岁的伽利略背着沉重的十字架，带着无尽的遗憾离开了人世。

1992 年，历经 300 多年，梵蒂冈终为自然科学家伽利略恢复了名誉。

一

　　学校的老师想把他培养成圣职人员，他的父亲说："我的伽利略很聪明，足可以当医生。"可幼年的伽利略常在家里做他自己的玩具——一些小机器，还常坐在室外观看星星，幼小的心灵里充满了奇妙的想法。"伽利略又在做梦了！"小伙伴们常常这样嘲笑他。

1. 幼年的伽利略

　　1564年2月15日，一个晴朗的日子，意大利北部靠近海边的比萨城，一个小商人的家庭里，几声婴儿的啼哭，几声母亲的呻吟，一个小生命就这样来到了这个世界上。为了振兴家道，寻回昔日的辉煌，年轻的父亲兴奋地给他儿子取了一个非常响亮的名字：伽利略·伽利雷。婴儿的父亲文新尼塞·伽利雷的家族是一个衰落了的贵族，在意大利共和时代，他的祖先们都是有爵位的。后来，随着家道的衰落，爵位也丢失了。尤其是到了文新尼塞时，家里已经很穷，他一生没有享受过几天舒服的日子。虽说他是一个超等的数学家、作曲家，琵琶也弹得很好——可以说是意大利的国手之一，但在当时，这些技艺是不容易赚钱的。因此，伽利略幼年时，家里是非常穷苦的。

伽利略兄弟姊妹四人，一个弟弟，两个妹妹，他是家里最大的男孩。父亲对他寄予了很高的期望，希望他将来能维持家计。于是，父亲决定让他将来做个布商，因为衣服是每个人都要穿的，做布商可以不费多少力气，而且还能养家糊口。

伽利略毕竟是个世家子弟，他父亲觉得他在学做布商之前，应当送他去学校读书，让一位有智慧的老师去启蒙他，使他接受一些正规的教育，引导他对学识的尊敬。

1572 年，当伽利略快 8 岁时，父亲将他送到附近的学校去读书。临走时，父亲对他说："你现在快 8 岁了，是个聪明的孩子。在学校里一定要用功读书，不要浪费时光。要是你学习好，老师就会帮助你的。"的确，心灵手巧的伽利略是班上最聪明的学生，老师对他很满意。伽利略喜欢画画，有一个时期，他还梦想做一个艺术家。他早期的绘画，在充满着艺术宝藏的佛罗伦萨城里，曾经获得过奖赏。对于音乐，他也很有天赋，只学了很短的时间，琵琶就弹得相当不错了。

有一天晚上，伽利略的父亲文新尼塞打点完布店，关上门后，对妻子说："假若我们的儿子真的终身从事艺术，那真是一个幸运的好兆头！他出生的地方，也就是达·芬奇（1452—1519，意大利画家、雕刻家、建筑家、工程师及科学家）出生不远的地方。你该还记得，姬利，我们的伽利略出生的那个月份，正是米开朗琪罗（1475—1564，文艺复兴时期意大利最著名的雕刻家、画家及建筑家）去世的那个月。"

伽利略的母亲一边数着柜台下边铁盒里寥寥无几的几个银币，一边低着头意味深长地笑了笑。

看妻子没有说话，文新尼塞又解释说："也许你是对的，除非他成为一个米开朗琪罗，或者一个拉斐尔（1483—1520，意大利画家及建筑家），或者一个西里尼（1500—1571，意大利的雕刻家及金匠），不然的话，他会和我一样，需要辛苦一辈子才能维持生活。"

这时，伽利略正蜷缩在店里的一个长背椅上，闻着从门缝吹进来的街道上尘土的气味，心里期盼着有一场大雨将这街道上的污秽冲洗到阿诺河里去。当他听出父亲柔和声音中的一股倦意，看到父亲褴褛上衣里裹着的无力而下垂的双肩时，心里感到一阵阵的沮丧。但他很快又沉醉在自己的梦想中：他卖掉了绘画作品中的得意之作，站在大公爵宽敞的殿堂上为他演奏琵琶曲，他带回了一小袋用劳动换来的金币，放在妈妈的膝盖上，告诉妈妈："你可以为你买一件新衣，给妹妹们各买一双鞋，别忘了给还在蹒跚学步的小弟弟买一些糖梅子。"妈妈摸着他的头，舒展开额头上的皱纹，开心地笑了……

伽利略很小的时候就喜欢动手做一些小玩具，大多是一些小机器，自己设计，自己制作，装上轮盘和滑轮就能够运转，他最得意的一种机器能把笨重的东西从地上举起来。这些小玩具很吸引小弟弟小妹妹，他们争着抢着玩，甚至连他父亲也称赞他的智慧。

父亲曾对他说："伽利略，你应该在一百年以前出生才对，在那个黄金时代，一个人必须是音乐家、诗人、巧匠。他能演奏自己的曲子，能像西里尼一样雕塑自己的形象，或者像达·芬奇一样支配自己的画笔。前几天有一个旅行的人在米兰看到达·芬奇的《最后的晚餐》，对我说，由于墙壁有些潮湿，那幅画的光彩已有些褪色。是的，上帝给予达·芬奇比一般人更多的天赋，他也确实比一般人更能接受上帝的赋予，他懂得机械，也懂得解剖和艺术，他发明的战争机械……"

小伽利略插嘴说："等我长大，我会发明更伟大的东西。"

"你这样骄傲，我真该打你的耳光。"他父亲一边责备，一边又抚摸着他长着红色头发的脑袋说，"你有很巧的手指，孩子，但你不必学习达·芬奇的虚荣。虽然他获得了财富和荣誉，但他有恶魔般的自负，像撒旦一样，他的自负受到惩罚，自负和不恭不敬的好奇使他堕落。这并不是说，像你一样喜欢发问、喜欢怀疑就是坏事。在我年轻的时候，也一样好疑多问，我有时甚至怀疑我的祖先和长辈们的智慧。但是，当一个人渐渐长大时，就会慢慢开始赞同前辈世世代代传下来的东西。"

伽利略说："爸爸，我长大了，要做一个像达·芬奇一样的发明家。"

伽利略是一个富于幻想的孩子，他不仅喜欢自己设计、制作小玩具，还喜欢在晚上独自一个人坐在院子里，观看天上的星星，在他那幼小的心灵里充满了各种各样奇奇怪怪的念头。为此，他常常遭到小伙伴们的嘲笑，他们说："伽利略又在做梦了。"当然，他的小伙伴们说错了，小伽利略并没有在做梦，他想得很远很远，他在尝试着为自己解释各种事物：

> 我们的世界是否像月亮一样？
>
> 星星离我们是否比太阳近？
>
> 月亮上面有没有人居住？
>
> 为什么有的星星明亮，有的星星暗淡？
>
> ············

诸如此类的问题，连他的老师都回答不了。

"等你长到 13 岁，"他父亲说，"我就送你去一所好一点的学校。在佛罗伦萨附近有一所著名的学校，那里的老师都很有学问，能回答你提出的各种问题。"

没过多久，伽利略一家便离开了比萨，到佛罗伦萨安了新家，并开设了一家经营羊毛的店铺。伽利略非常喜欢这座城市，佛罗伦萨风景优美，阿诺河穿城而过，流经比萨入海，河两岸有漂亮的建筑物，还有美丽的桥梁横跨河上。在这座城市里，伽利略开始了新的生活。

2. 进入修道院读书

伽利略 13 岁那年，父亲没有忘记履行自己的诺言，把他送到佛罗伦萨附近的瓦隆布罗萨修道院继续求学。瓦隆布罗萨修道院的教士神父们，对亚里士多德（前 384—前 322，古希腊哲学家、科学家和教育家）的学问研究得又专又精，在这里学习是令人放心的。

伽利略的确聪明过人，思维敏捷，记忆力好。在修道院里，他一心一意地吸取着摆在他眼前的经典书籍中的知识，沉浸在读书的欢乐之中，他常高兴地说："我多么幸运，生长在印刷术发明之后，在过去的时代里，古人的教

诲必须写在卷轴上， 只有很少的人能读到和研究。 我要读尽
这些已写下来的书籍， 这样， 我就可以获得世界上万事万物
的真理。” 伽利略勤奋努力， 刻苦学习， 如饥似渴地学习拉
丁文、 希腊文、 哲学、 音乐、 图画等， 赢得了修道院老
师的喜爱。

在修道院老师的指导下， 小伽利略对这种读书生活着迷
极了， 一度使他产生了长大要做修道院院士的念头。 一段时
间里， 他什么也不想， 只想着在这瓦隆布罗萨安静的图书馆
度过这一生。 或者在这栽满松树、 胡桃树的芬芳空气的园地
中散步， 像这些树木一样， 守卫在这与尘嚣世界完全隔绝的
地方。

伽利略的父亲虽说也是一个虔诚的教徒， 但他看出了自
己的儿子极有天赋， 觉得让他做布商或者做一名圣职人员都
非常可惜。 他认为像伽利略这样才华横溢的年轻人， 一定可
以很快地升到上流社会， 可能成为大主教， 甚至枢机主教，
光耀门楣。 但他也知道， 这孩子虽然现在沉浸在古典书籍之
中， 静静地接受着修道院的教育， 但他也可能突然间回到他
以前的那些想法上来。 对此， 伽利略的父亲感到忧虑， 他
常常担心这孩子会不会回想起以前长时间从事过的那些小玩意
儿的发明和贩卖， 会不会对他现在正急于吸取的知识发生怀
疑。 以他尚未成熟的个性， 他会不会尽力培养自己的政治才
情以求显达呢？ 也许， 他会满足， 愿终身留住这教士学者

的职位， 做研究和教授的工作， 也许……

思来想去， 还是现实一点好， 父亲文新尼塞最终决定让儿子学医， 希望他将来成为一名收入丰裕的名医。

两个月后， 伽利略不得不离开瓦隆布罗萨修道院。 修道院的老师想把他培养成圣职人员， 但他的父亲说:"这不行! 伽利略是我的长子， 我死后， 他得照顾家庭。 如果他担任圣职， 就会永远无法摆脱穷困， 正直的人在教会里是不会富裕的。 我的伽利略非常聪明， 足可以当医生。"

他对儿子说:"孩子， 我不许你当教士， 明天你和我回佛罗伦萨去。"

"可是， 爸爸， 假如我不做教士和终身从事研读， 那我还有什么事可做呢?" 伽利略问道。

他父亲继续严肃地说道: "我已经为你的前途考虑了很久， 你的星象上已预示出你将来一定是一个出色的医生。 你去学医， 肯定会成名和富有的。"

告别修道院， 回到家后， 因无事可做， 伽利略十分苦闷。 幸好， 佛罗伦萨有座很好的图书馆， 它是大公爵于1571 年建造的， 大公爵为图书馆购置了许多图书， 供科学家和教师使用。 伽利略在那里翻阅了大量的图书， 吸取了丰富的知识。

3. 多疑好问惹恼了教授们

为了能让儿子进入比萨大学念医科，父亲文新尼塞四处奔波，筹措钱款。伽利略17岁那年，得到父亲一位好朋友的帮助，他考进了比萨大学，得以在西萨比罗教授门下攻读医学。

虽说伽利略上大学后加重了文新尼塞的负担，但是他一点也不忧虑，因为他坚信将来他儿子做了医生时，这一切费用都可以赚回来。

其实，打一开始，伽利略就反对学医。也许，这是对父亲那种顽固的权威的抗议。

在接受大学的医学教育期间，他常常问自己："只根据古代权威希波克拉底（约前460—前377，希腊医生，有医学之父的称号）和盖仑（约129—200，古罗马医师、自然科学家和哲学家）的医术，不鼓励学生去做实验，不让他们自己去发现，去了解事实真相，这种学术有什么意义？"因为当时的解剖课一无所有，一名教授照本宣科，只介绍各器官的组织，另一名教授再加以讲解，由几名高年级学生帮忙，解释一下摆在前面的肢体。

课堂上，伽利略试图用心去听讲，但他学士服长袖下面的手指蠢蠢欲动，心里想着：为什么不让我的手来使用这解剖刀？

伽利略很好质疑问难，对于老师的讲解，凡是有不明白的地方，或者是一种事件自己不了解的地方，总是要追根究底，毫不放松。他不但指责老师的教学方法，而且还怀疑学校安排的教学内容。尤其是对受人尊敬的医师仍旧用捣碎的独角兽角粉末医治受毒病患这种医术，以及教授采用某些黄道带符号来解释身体器官的组成，并讲述某些药草必须与这些符号配合运用的理论感到失望，致使他对医学丧失了信心，对医师失去了尊敬。唯一的安慰是在这些课程中，有一部分是他在瓦隆布罗萨修道院学习时所接触过的哲学研究，特别是亚里士多德的哲学这门课程，他对这位古希腊哲学家的学说作了深刻的探讨，尤其是对哲学家们所推崇的那些"绝对真理"，更想彻底探明它们究竟包含了什么意义。伽利略对亚里士多德的主张进行了追本溯源的研究之后，提出了许多问题，并且发现这位古希腊哲学家的论述未必都是正确的。

"你的问题提得太多了，你只不过是一个孩子，应该听我们的话，接受我们的观点。"比萨大学有些教授经常这样开导他。

可是，伽利略不以为然，反驳说："你们的话也不一定对。你们说亚里士多德永远是正确的，可是亚里士多德生活在 1900 年前，从那时以来，许多事物已经发生了变化，他也会有错。"

"真理是不会改变的。" 教授说。

"这一点我知道， 可是亚里士多德只了解世界的一个角落， 人们总是不断有新的发现。 例如： 佛朗西斯·德雷克完成了环球航行， 去年才到英国。"

"难道你认为德雷克比亚里士多德博学吗？"

"我并不这样看， 但是像德雷克和哥伦布这些人教给我们好些新事物， 说明我们必须向生活学习， 不能只学书本。亚里士多德著作中的某些话并不是真理。"

伽利略的这番话冒犯了许多教授， 这些教授的回答都千篇一律："教会的首脑说亚里士多德的书都是真理。 如果你不接受教会的旨意， 你很快就会倒霉的。"

对这种回答， 伽利略当然不满意。 他说："教会只需发命令， 但是不讲明理由。 现在， 人们开始独立思考了。"

伽利略的生活中充满了各种问题， 他试图用自己的思考来解答这些问题。 如果有可能， 他喜欢通过实验来找到答案。 伽利略还喜欢称一称物体的重量， 测量它们的体积。他很佩服公元前3世纪的数学家阿基米德 （ 前287—前212，古希腊学者 ）， 说："阿基米德和亚里士多德一样， 生活在古代， 但他进行实验， 认真地验证他的想法， 他不仅是一个作家， 而且是一个真正的科学家。"

伽利略对数学也很感兴趣。 有一天， 他请求父亲说：

“我想放弃医学， 专心去念我喜欢的科目， 如数学等。”

他父亲听了， 大为恼火， 训斥道：“为什么上帝给我一个蠢物做孩子？ 我没有要你在家里替我看店， 我为你安排我自己从未享有的机会去接受最好的教育， 你竟然要放弃， 想去研究数学。 数学， 不要提！ 这门科学没有人重视， 我已经听说你所在的大学里根本没有一位教这门科学的教授。”

无可奈何， 伽利略仍然得接受医学教育。 其实， 背着人， 他仍一心一意地钻研他的数学。 藏在他的希波克拉底和盖仑的医学教科书下面的是欧几里得 （ 约前 330—前 275， 古希腊数学家， 被称为几何学之父 ） 和阿基米德的著作。 在空闲时， 他用自制的仪器来进行实验。

学校的教授们很快就风闻他的学习动向和实验活动了， 极不赞成， 因为一个学生要独立思考， 这简直是不折不扣的异端。 教授们宣布说， 所有科学上的问题都最后而且一劳永逸地被亚里士多德解决了。 教授们认为， 这种狂妄的行为必须加以制裁——为了大学的声誉， 也为了有益于伽利略的灵魂， 他们把这件事写信告诉了伽利略的父亲。 这位老乐师就警告儿子， 要儿子听教授们的话， 并且要他洗手不干， 不要再同这样或那样的未知的事物发生纠葛。 可是伽利略并没有理会父亲的警告， 因为他已经发现了一项具有深刻意义的事实：“数理科学是大自然的语言。” 为了学好这种语言， 他决意献出自己的一生。

4. 探亲路上的思考

学期结束了， 伽利略决定回到佛罗伦萨的家中度假。 伽利略与一个车夫谈妥， 车夫可以少收他的路费， 载他回去。

旅程已耗去了两天时间。 车夫把许多大桶装在大车上， 而伽利略则以计算这些桶的容积来消磨时光。 根据目测， 他确定了桶的高度和直径。

"差不多是个圆柱体。" 他想， "那么它的容积应该是 $\pi r^2 h$。"

他转身对车夫说道："您的每只桶里装有 300 公斤橄榄油吧？"

马车夫吓了一跳， 疑心地看着伽利略："您是怎么知道的？"

关于桶的容积的计算公式以及 π 的含义， 伽利略难道能对车夫说得清楚吗？

"这可不简单。" 伽利略回答道。

车夫生气了， 说道："您把这些秘密留给自己用吧！ 或许， 这里隐藏着巫术。"

伽利略试着想把计算公式的道理向车夫解释清楚， 但车夫只是摇头说道："得了， 您让我安静点好了。 车费您既然已经付了， 那就坐我的车走吧， 我可不想同您闲聊。"

此后， 他们谁也不说话， 就这样一路沉默着。

"人们身上的偏见多么顽固呀！" 伽利略不无伤感地想到，"确立新的思想认识可不是件容易的事情……"

其实， 这种事情在伽利略身上时常发生， 他总是想验证自己的想法是否正确。

"我先用数学来验算。" 他说，"然后使用手和眼来检验， 如果得到相同的答案， 那么这个答案一般都是正确的。

"譬如， 请看这个罐子和那个盒子， 一个是圆的， 一个是方的。 哪个能盛更多的沙子呢？ 我们可以用尺子来量这两个容器， 然后用数字算出答案， 但是， 人们使用数字时常常会出错。 我们也可以把这两个容器装满沙子称一称， 然后把沙子倒掉， 再称一下。 但是， 这样做， 我们还需用数字。

"那么， 有没有别的办法呢？ 我们可以先把罐子装满沙子， 然后把罐子里的沙子倒入盒中， 这样不用数字就可以求得正确的答案。"

当然， 伽利略脑子里的问题比这难得多。 如： 为什么物体要往地上掉， 而不朝天上跑呢？ 为什么大船能浮在水面上呢？ 这个国家最聪明的老师都回答不了这些问题， 他必须自己寻找答案。

伽利略并不都能找到答案， 但这些问题本身很重要。 过了 100 年以后， 有些问题才找到了答案， 有些仍然长期困扰后人。

二

比萨城的大教堂里，悬挂着的吊灯来回地摆动着，冬去春来，年复一年。比萨大学的医科大学生，无意中发现吊灯"摆动幅度无论大小，所需的时间都相同"，感到很奇怪。

灯摆启示了他，"脉搏计数仪"诞生了。

1. 教堂里摆动着的吊灯

1582 年，伽利略 18 岁的时候，已是一个身材很高的大孩子了，充满了各种奇异的新思想和好问的精神，但比萨大学的沉闷空气以及对新思想的压制，使他感到烦恼和疑惑。每当休息时，他总是喜欢独自一个人走出校门，到比萨街上去散步，欣赏周围优美的建筑物，排解心中的不快；到河畔去徜徉，倾听哗哗的流水声，诉说连日来心中的委屈；到比萨大教堂做弥撒，观赏教堂四周的绘画和雕刻，那里很安静，便于他继续思考那些没有答案的问题。

一天，伽利略来到教堂，但他并没有马上就开始祷告。他细长的手指，默默地捻着玫瑰色的念珠，但这习惯的动作并没有为这位大学生带来宁静。几个星期以来，伽利略一直感到困扰和不安。现在，他的手指和嘴唇好像动作一致，似乎进入了祷告的状态，可他的头上两侧太阳穴处却像有铁槌在敲打一般。虽说也没有什么大不了的事情发生过，但他突然觉得在比萨大学的生活带给他的烦恼和压抑，几乎使他不能再忍受下去了。

他原本喜爱数学，也期望在数学领域的研究上能够有所突破，有所建树，可是比萨大学的教授们不让他学，他的父亲也不让他学，这是怎么回事？他痛苦地反省着，弄不明白这到底是谁的过错。这时，不久前的一幕往事又浮现在他的脑海里：

那是一个没有太阳的上午，老师在课堂上讲解医学原理时，他提问道："老师，您怎能证实您所讲的呢？"

"这必然是这样的，因为我们的书本上这样记载着，这就是回答。"老师不耐烦地说。通常老师还要讲一段亚里士多德的权威言论。

记得就在同一天早上，他曾向一位教授质疑："你说这一定正确，因为大哲学家亚里士多德的著作上这样写着，但是，如果亚里士多德犯了一个错误呢？"

头发斑白的教授和班上大多数同学，对他的质疑感到震惊，一副惊讶的样子，好像在说：伽利略不认为有上帝的存在，他在替很少为人所知的哥白尼（1473—1543，波兰天文学家，近代天文学奠基人）的理论作辩护，真是大胆狂妄。

老师怒不可遏，用教鞭重重地敲着桌子，冷冷地说："年轻人，除非你今后能尊师重道，谨言慎行，否则的话，我不允许你再走进这个教室。"

老师的羞辱使他感到难堪，他匆匆离开教室，他不愿看到同学们那种幸灾乐祸的表情。他极委屈地问自己：教授们为什么要恨我？难道我追求真理也有过错吗？

伽利略在痛苦中沉思着，他预感到学校当局可能要把他除名。退一步说，即使不除名，勉强毕业，也会和自己告诉过爸爸千百次的结果一样，将来自己绝对不可能成为一位成功的有钱的医生。

黄昏使教堂变得暗淡无光，伽利略坐在黑暗中苦苦地思索着，一幕幕往事的纠缠，一回回对真理的追求，一次次遭教授的羞辱，使他一刻也安定不下来，无法进行祷告。他抬起头来，凝视着美丽的祭坛、彩色的嵌镶砖，以及几百年前从希腊废墟上运来修建这座教堂的大理石圆柱，凝视着一盏盏悬挂在长绳子上的吊灯。

正在这时，一位穿着黑色长袍的教堂司事，从教堂远处的石柱后慢慢走过来，他手里举着一支细长的火把，远远地看，就像是一颗星星。司事将火把深入灯碗中把吊灯燃着，吊灯在他身后不停地摆动。火把一明一灭，教堂里的吊灯一盏盏从黑暗中被点燃。最后，教堂司事走到伽利略身边，手指间仍捏着一串念珠，清瘦的脸庞上深印着一层悲怆的沉思。

教堂司事走后，身后被点燃的吊灯还在来回晃动着，他一点也没有料到，这些摇摆着的吊灯会对身后的红头发男孩有什么启示。

这些吊灯摇摆了不知多少年，看见的人也是成千上万，但似乎没有看出这些灯有什么出奇的地方，伽利略却特别细心地观察着，他似乎要从这些摆动的吊灯中寻找出什么。

这些吊灯开始在一个比较大的圆弧上摆动，可是当摆幅逐渐变小时，摆动的速度也逐渐变慢了。

突然间，伽利略向前冲去，他的脸上不再是愁眉不展，而是好奇与兴高采烈，眼中闪烁着光芒。"真奇怪！怎么每次摆动的时间都一样？"他过去推了一下吊灯，再仔细观察，开始，吊灯摆动的幅度很大，后来逐渐变小，但摆动的幅度不论大小，所需的时间都相同。

为了肯定这一点，伽利略强捺住这突然间产生的喜悦，打算测定每次摆动所需的时间。他自言自语地说："教堂里没有钟，但是我不需要钟，我可以数自己的脉搏。"

伽利略毕竟是医科大学生，他懂得脉搏的作用。他的老师经常这样说："如果你把手按在手腕上，你就能摸到脉搏，脉搏不断压送血液。如果你坐着，脉搏跳动得慢；如果你奔跑，它就跳动得快；同样，如果你病了，脉搏一般压送血液就快。"

就这样，伽利略在教堂里一边数着自己的脉搏，一边注视着灯的摆动。千真万确，每次摆动所需的时间完全相同。

伽利略太激动了，他怎么也没有想到，在他经历了一场人生的风暴之后，上帝会让他有了第一个伟大的发现。这个意外的发现引起了他的惊奇和沉思，他想这里边一定有问题，不是感觉欺骗了自己，就是亚里士多德"摆幅短需时少"的说法是错误的。

他赶紧回到他简陋的阁楼里，把门闩住，将同学们喧嚣的吵声挡在门外。一整夜，他都在思考着他在教堂里所看到的一切。第二天一早，他胡乱吃了点早饭，就匆匆忙忙地从这个店铺到那个店铺，寻找他所能得到的最廉价的实验用品——两根同样长的链绳，一大一小两个铁球。先是找到了一截已经生锈但还合用的链条，尽管如此，也已花去了他父亲所能供给他生活津贴的大部分了。在街上的另一家铁匠铺里，好心的铁匠告诉他，门口堆着一大堆废铁，可以任他挑拣，他很幸运地找到了一个大铁球和一个小铁球。

伽利略带着他寻找来的链条、铁球跑回阁楼，关上房门，开始进行研究，他根本不再考虑上课的事。他先把链条弄成两段， 每根链条上系一个铁球， 然后， 再分别将两根链条固定在房梁上。 他又请来他的教父帮助他做实验， 指着其中的一个铁球对他的教父说:"两个铁球， 你数那个大铁球摆动的次数， 我数这个小铁球摆动的次数。"

老头子耸了耸肩， 咕哝着:"又是一个发疯的念头。" 但他还是同意帮忙。

伽利略手拿着两个铁球， 将一个拉到距垂直线四手掌宽的位置， 另一个拉到两手掌宽的位置， 然后同时放手。 两个人分别数着两个铁球的来回次数， 然后加以比较。 两个铁球的起点不一样， 一会儿在左， 一会儿在右， 经测算证明， 它们在同样的时间内摆动的次数是一样的。

伽利略想， 一次不够， 一次也许只是偶然。

他再次推动那两个铁球， 它们再次在相同的时间停下来。 经过反复实验， 得出的结论是一样的。

就这样， 从教堂吊灯的灯摆中， 伽利略发现了自然的节奏原则， 即摆动的规律， 并用数学公式给予了精确的表达， 也即摆动的周期与摆的长度的平方成正比， 而与摆锤的重量无关， 这就是著名的 "摆的等时性原理"。

2. 脉搏计数仪的制造

"摆的等时性原理" 的发现， 大大鼓舞了伽利略， 他更无心上课， 沉醉在一种新的观念之中。 他想： 用脉搏能测量出摆的次数， 那么， 能否根据摆的原理制造一种专门测量脉搏跳动次数的仪器呢？ 要是能制造出这样一种仪器， 医生们一定会很需要的。

说干就干， 伽利略跑出去找来一根绳子和一个铁片， 把铁片固定在绳子的末端， 让它摆动。 经过反复调试， 使铁片的摆速同脉搏跳动的次数达到一致。 于是， 他就动手做了一个小仪器， 取名"脉搏计数仪"。 做好后， 他先拿去给老师看， 老师看了很高兴。

"你把这根绳子绕在仪器的顶端。" 伽利略对老师说，"把铁片固定在绳子的下端， 让它摆动。 如果你要绳子短些， 就把绳子绕紧； 要想让绳子长些， 就把它放松。"

"绳子上有标记， 仪器上刻有数字。 当绳子的标记对准数字 72 时， 绳子的摆速就是每分钟 72 次。 如果绳子上的标记对准数字 80 时， 绳子就摆动 80 次。 这根绳子就是仪器的'摆'。 绳子必须不受阻挡地自由摆动， 当它摆动时， 不能挪动仪器。"

用这种仪器， 医生就能迅速、 正确地测量出病人的脉搏。 伽利略将这个仪器复制了许多套， 卖给医生。

比萨的医师们对伽利略的发明一致表示敬佩， 许多医师很快就用这种脉搏计数仪来计算病人的脉搏。 1607 年， 帕多瓦大学的一个医生在他的一本著作中叙述了自己的工作， 书中附有伽利略制作的脉搏计数仪的图片， 共有三种， 最好的一种仪器表面像个钟。

遗憾的是， 伽利略并没有完成他的医科教育学业， 也没有机会自己证明这项发明的实用价值。

3. 精心设计的摆钟

伽利略是一个既喜欢动脑又喜欢动手的孩子， 就在他发明了"脉搏计数仪" 后不久， 他又产生了制造一个摆钟的念头， 因为他做实验需要一个走得准确的钟。 对这个问题他考虑了很久， 这时他制作的第一个钟摆启发了他。

他做了一个新钟摆， 但不用绳子， 因为你如果拉得太使劲， 绳子就会变长。 因此， 他使用一种轻金属， 他取了一根细的轻金属条， 把一个小铁片固定在它的末端。

"我得让铁片能沿着金属条往上移动，" 他自言自语道，"要让铁片能固定在金属条的任何部位。 铁片处在金属条的底部时， 金属条就摆动得慢； 铁片的位置高一点， 金属条就摆动得快些； 铁片处在金属条的顶端时， 摆速就会最快。"

然后， 他把一个大铁片固定在一根绳子上， 绳子绕在一个轮子上， 铁片把绳子往下拉， 就能转动轮子。

轮子有齿， 就像人用牙齿咀嚼食物， 但这个轮子的牙齿有特殊用途。 有一天， 伽利略对他的朋友解释道："这个钟摆有个小舌簧，舌簧扣在轮子的齿上，轮子转动时，就会把舌簧弹出来，钟摆就会摆向一边，就像这样。”

伽利略向朋友作了表演。“当钟摆回来时，”他继续说道，“舌簧就会扣在第二个齿轮上，然后轮子又会把舌簧弹出来。”

“舌簧会一个挨一个地扣在每个轮齿上，而每个轮齿都会把舌簧弹出来。这样，轮子就会慢慢地转动。轮子不会转动得太快或太慢，因为钟摆每次摆动的时间是一样的。”

“那么整个时钟是怎样运转的呢？”他的朋友问道。

“我还没有制成，”伽利略答道，“但是这种轮子将会带动更大的轮子，大轮子又会带动时钟的指针。由于钟摆的摆速不变，时钟就能走得很准确。”

虽说伽利略精心设计了时钟的图样，并在他的报告中作了说明，但由于他忙于搞其他各种实验，最终也没能完成他的钟。过了几年，一个荷兰人读了伽利略的报告，制成了一座完整的钟。这位荷兰人名叫海更斯。

这是第一座带有钟摆的时钟。从那时起，人们制造了完美的时钟，现在还在制造。许多殿堂里的时钟、大座钟、杜鹃鸟报时钟都是用钟摆的。后来，这种带钟摆的钟的应用范围远远超出了庄严的殿堂。

三

数学家里奇对他说:"你一定得读阿基米德和欧几里得的著作,虽然他们是古人,但他们的著作对我们今天仍然有用。阿基米德像你一样,一直在做实验!"

1. 中途辍学

1584 年冬天, 托斯卡尼的大公爵来比萨小住, 在他的随员当中有个叫里奇的人, 他是当时一位有名的数学家, 他跟随大公爵的主要任务就是专门为大公爵的儿子及其随员讲课。里奇是伽利略的朋友, 一听说他来比萨, 伽利略就跑去会他。 恰巧他正在上几何学, 为了不影响他讲课, 伽利略干脆就坐在门旁听讲, 听着听着, 就像着了迷一般。 刹那间, 心中忽然有所领悟——这便是一把揭开自然秘密的钥匙, 足以使他刺穿那些迷离恍惚的玄妙。 听了几次课以后,伽利略就喜欢上了几何学, 觉得几何学非学不可, 它是一门最重要的课程。 于是, 他就请求里奇教他几何学。 里奇看见这位学生对他的几何学如此热心，非常高兴，就答应了他。

这件事伽利略的父亲文新尼塞知道后，非常恼火。他认为即使一个人能靠数学吃饭，但也是世界上赚钱最少的职业。不过伽利略的意志很坚定，他的父亲也无可奈何，而且他自己就是一个数学家，他能够理解伽利略这种发狂的心理。

最后，父亲文新尼塞只好说："随你自己去吧，做一个数学家和穷人，将来不要怪我。"这时候的伽利略，脑子里只有几何学，除了应付上课外，他开始在空余时间研究几何学，并在实验中加以应用。

1585 年，父亲文新尼塞因经济拮据，无力支付儿子的学费和生活费，伽利略也因为失去经济来源无法再继续读书，不得不放弃拿毕业文凭，离开了比萨大学。这样，伽利略成了一个人所共知的学医失败的人，一个"玩弄无用的数学的神经病患者"。虽说没有希望当医生了，但伽利略并不真的感到遗憾，因为他玩弄数学的技巧，已在意大利一些知名的数学家，如基乌塞比·莫列提、克里士浮若·克拉菲阿教父、基乌杜巴多·德尔·蒙地等人中间赢得了赞誉。伽利略曾经把自己的一些科学见解告诉他们，而他们也送给伽利略一个"当代的亚里士多德"的光荣称号。

2. 数学家里奇的教诲

伽利略告别比萨， 回到佛罗伦萨后， 仍在家里研究他的几何学。 对这位既聪明又勤奋的学生， 里奇十分喜欢， 并谆谆地教诲他:"你一定得读阿基米德和欧几里得的著作。 虽然他们是古人， 但他们的著作对我们今天仍然有用。 阿基米德像你一样—— 一直在做实验!" 其实， 伽利略很熟悉阿基米德， 他早就知道阿基米德洗澡的故事， 这是他最喜欢的故事:

一天， 锡拉丘慈的国王把阿基米德召来。"请看这顶王冠，"国王说，"它是由纯金制成的，还是掺有其他金属？我想弄清楚这一点，因为我这顶王冠花了很多钱。"

阿基米德拿起王冠看了看，王冠看上去像是用黄金制成的，但也可能在金子里面掺有其他金属。怎么能证明呢？

"回家去想一想，"国王说，"做些实验。大家都说你的实验很管用。"

阿基米德回到家，苦思冥想，想不出答案。最后，他感到累了，就到公共澡堂去洗澡。他站在浴池旁，看着浴池。池水不满，他一进入浴池，水就漫到池边。

阿基米德正坐在池中，忽然得到了启发。"找到了！找到了！"他用希腊语高声嚷道，"我终于找到办法了！"

他跳出浴池，穿过街道，跑回了家。街上行人都大吃一惊，因为他光着身子，一丝不挂。原来阿基米德心里只顾想着那个奇妙的主意，竟忘了穿衣服！

他在家里做了些简单的实验，就径直去见国王。"陛下，"他说，"您的问题我已找到答案了，请允许我做一个实验给您看。"

阿基米德把一些金子和银子放在桌上的两个罐子旁边，然后说："您的王冠重四磅，这块黄金也重四磅，而这块银子同样也是四磅重。可是黄金比白银重，所以银块就比金块大，对吗？"

"对。"国王说。

"好！您来帮我一下好吗？"阿基米德问道，"这个大罐盛满了水，如果您把金子放进去，水就会从大罐流到小罐。请您计量一下流出的水量，只要在罐子里做个标记就行。"

阿基米德取出金子，然后再把大罐装满水，把小罐倒空："这次请您把银块放进去，用同样的方法测量从大罐流到小罐的水量。"

国王照着做了。阿基米德接着说："现在，我们把王冠放进去。如果王冠是纯金制的，水就会达到第一个标记处；如果王冠是白银制的，水就会达到第二个标记处。"

他们仔细地观看着：水处在两个标记之间。

"瞧！"阿基米德喊道，"这就是答案：您的王冠不是纯金制的，里面还掺有银子。"

伽利略非常喜欢这个故事，他很想亲自做一下这类实验。他怎样才能继续做阿基米德的工作呢？他开始研究重量的概念，经常和朋友们探讨这个问题。

在里奇的精心指点下，伽利略深入研究阿基米德和欧几里得的著作，为他以后在物理学和数学方面做出贡献打下了坚实的基础。

3. 酷爱几何学

伽利略回到家以后，继续研究几何学，这使他的父亲文新尼塞很反感。在一个下雨天的中午，文新尼塞把伽利略叫到店里，对他说："孩子，你已经不小了，应该为父母分担一点家庭负担了，你是咱们家的长子，要考虑给弟弟妹妹做个榜样。研究数学顶不了饥，顶不了渴，人活着一定要实际一点，不要白白浪费时间。"

听了父亲的话，伽利略想了很多很多。

从此，伽利略开始协助父亲经营商店，成了店里的一名小伙计。但他并没有放弃自己的理想，仍利用业余时间钻研他已经热恋上的几何学。

伽利略尝试在商店里研读，除了做好店里货物进购、销售、整理、看管等工作以外，一有空闲，他就将喜爱的阿基米德的书搁在毛织品货物袋上或者是锦缎包上阅读。有时候，读得入迷，竟忘记了吃饭，忘记了休息。伽利略不仅读得认真，而且还经常把他读书的体会记在书的空白处，这为他日后的研究，积累了丰富的资料。

尽管伽利略特别注意处理店务与读书的关系，但他如饥似渴的阅读仍然遭到了母亲的反对。每当他在细心计算某个几何题，或者在考虑某个几何图形如何求证时，总会听到妈妈尖厉的呼叫声，一次次打破他专注的沉思和宁静。

"伽利略，如果你现在没有别的事可做的话，不如去帮助你累坏了的妹妹们，从井边提几桶水来！"母亲总是这样命令着。

平常，伽利略在家里还自己制作一些小发明物拿出去贩卖，尽管这些东西他父亲瞧不起，被称作"小玩具"，而且被认为是不值得被一个受过大学教育的人去做的玩具，但他仍然为家里换回了一些零用钱。有一次，他刚外出贩卖小发明物回来，又帮妹妹们做了一些活，才坐到那儿开始读书的时候，正碰上他父亲参加完一个羊毛业会议回来，伽利略又不得不恭敬地去聆听年老体衰的父亲训话："事实上，我们虽不是什么艺术家、音乐家或者学者，但是我们的行业很受重视，你也会走进这一行业的，不必为此感到羞耻和遗憾。你应该尽全力帮助我，积极学做生意，我死后，你就要继承这项工作。上帝会宽恕我的，我把你拿来做你弟弟米盖的模范，他对吹笛很动脑筋，有一天他会以他的音乐谋生。你已经是成人了，还能再指望年老的父亲来养活你吗？"

很显然，父亲想让伽利略继承自己的事业，把羊毛生意做下去，并挑起维持这个家庭生计的重担。可伽利略是个要强的人，他有自己的事业。在受到父亲的责备后，他就想：自中古时代以来，欧洲的学者大多是修士或者是各宗教派系的会员，不然就是由教堂资助的学生。即使到了16世纪，学者中如作家、艺术家或音乐家，都有赖于富有的人的支援。自己要发展喜爱的数学，也应当出去寻求一种援助，谋取一份工作，不能再让年迈体弱的父亲来养活自己了。

4．奔波于达官显贵之间

为了谋求生路，伽利略携带着著名数学家里奇的介绍信，以及几位有学识声誉而且认为伽利略大有可为、很有前途的知名人士的推荐信，开始奔波于佛罗伦萨各豪门之间。期待着那些爱好学问的王子、公爵，看到这些介绍信后，会乐意伸出援助之手；盼望着那些高官显爵，会看在伽利略祖先为桑梓贡献的分儿上，愿意提携这位落魄的年轻人一把。

为了能走进这些王公贵族、达官贵人的高墙深院，伽利略学会了对那些看门人说些好话，以便让他有机会进门。有时候，会麻烦一点，也需要费一番口舌；也有些时候，他甜言蜜语，一路闯关，顺利见到要见的大人物。

如果那些大人物以礼相待，伽利略就会尽心讲解他所发明的东西的价值，或者是热情洋溢地介绍他的脉搏计数仪的特点，或者是展示他别的发明物，他会激动地对那些大人物说："王子、公爵阁下，我的这些发明物都是很有实用价值的，我相信宫廷数学家里奇已经告诉过阁下您，您现在过目一下。我的流体力学平衡式，是根据希腊数学家阿基米德的原理演变的，当然，阁下您一定还记得当时那位国王请阿基米德为他鉴定皇冠中金子含量的故事吧。"

对伽利略的介绍，高贵的主人往往是在开始的时候，还能认真听一会儿，慢慢地就分散注意力了，因为他心中可能正在回味着早上的狩猎，射杀了几只小动物，或者在考虑着晚上的化装舞会，将会和哪个贵妇人或名媛翩翩起舞。想到如意处，他会摇头晃脑，面含微笑。这时，伽利略往往以为是对自己发明的赞许，因此，他会不厌其烦地继续说下去。

伽利略的理论解释得越专深，高贵的主人越感到乏味，这时，主人要么伸伸懒腰，要么打个哈欠，表示他没有时间听一个寻找工作的人的没完没了的述说。

有一次，一位廷臣向他的主人建议邀请年轻有为的伽利略来参加晚宴。主人采纳了廷臣的建议，向伽利略发了请帖。

接到请帖后，伽利略很高兴，他觉得他又有机会向那些参加晚宴的达官贵人宣传他的发明和他的理论了。他甚至想象到，晚宴上那些达官贵人一定会以他为中心，听他的解说，赞美他的才华，议论他的发明，争着聘请他到他们的府上工作。

为了参加这次晚宴，伽利略向一位表亲借了一件出色的缎绒外衣，一顶新羽毛饰帽。

晚宴上，伽利略期盼着高贵的主人会把他请到显要的位置，让众多参加宴会的人听他的讲解，但结果令他失望，因为那荣耀的席位被多斯卡尼大公爵的兄弟左丹尼占据着。当时，左丹尼和很多绅士圈里的人一样，热衷于机械学。当天晚上，左丹尼大吹大擂他的一具即将完工的机械，可以清除现在淤塞里窝那港的污泥。

伽利略悲哀地想着，骄傲的左丹尼要是坐在我现在坐的位置上，肯定没有一个人会听到他在说什么。他不明白，为什么会让一个不学无术的家伙坐在首席，难道就因为他哥哥是大公爵？自己不到 30 岁，已有不少成就，为什么却受到人们的冷落呢？但伽利略非常自信他是这一新时代上流社会中的优秀知识分子，现在因为环境差而被那些趋炎附势的人忽视，心里觉得很委屈。

一位年轻的侍者走过来向他打招呼，发现伽利略的衣服和帽子都不合身，显然是借来的，立刻又转身向旁边的另一贵妇人献殷勤去了。

面对晚宴上细嫩香脆的烤羊肉、刻意讲究的沙拉和松鸡翅等一道道丰富的、色味俱佳的菜肴，尽管母亲的拿手好菜姜汁蛋以及平常的通心粉和简单的菜蔬等都无法和它们相比，但伽利略一口也无法下咽，即使是银盘中堆得满满的大颗紫葡萄，也失去了它往日的诱惑力。

显要座席上的客人开始起身离开桌子去听音乐、跳舞、玩牌的时候，伽利略拉紧借来的缎绒大衣，拖着沉重的步子走下大理石台阶。

踩着坚实、整齐的大理石台阶，望着沉浸在月色中的、可爱的佛罗伦萨城——祖先的家园，伽利略感慨万千。昔日，是自己的祖先在此拓荒播种、艰苦创业、聚积财富、建立城池，而现在他们的后代却在这块土地上生存艰难，到处遭受冷落，无法施展聪明的才智。他隐约见到了圣它克罗教堂，那里边是他祖先相伴长眠的地方，马嘉菲里王子的陵寝就在这里。米开朗琪罗的遗体就靠近着神坛，当年他的葬礼， 隆重得胜过国王。

是的， 当年的米开朗琪罗也曾仰息王宫主教们的施舍为生。 虽说他是一位著名的佛罗伦萨雕刻家， 在罗马， 他铸造了《摩西》， 人们曾称赞他的艺术超过了希腊人的作品； 他光荣的《创造》、 悲哀的《最后的审判》， 无一不是不朽巨作。 在圣它克罗教堂中， 更有被城里每一个公民引以为荣的雕像——圣母悲哀地拥抱着死在十字架上的基督。 面对这些庄严巨作， 再具权威的帝王也为之垂首瞻仰， 但他们一生中上过天堂， 也下过地狱； 有过荣耀， 也遭受过挫折与失败。

在一个比较窄小的街口， 伽利略再度停下来。 他坐在300 年前但丁被放逐时曾坐在上面沉思过的一块大石头上， 默默地想着自己的生命会不会和但丁一样坎坷不平。 现在， 沐浴在这柔和的月光里， 想着自己的失意和但丁当初在宫廷中受到的屈辱， 伽利略满含泪水， 开始用他多斯卡尼音乐一样的乡音低声吟唱着他的诗句：

> 是啊，你会知道的，
> 吃人家赐你的食物有多卤咸，
> 上下人家的阶梯确多陡峭。

经过几天来的失望和思量， 年轻的伽利略郑重地告诉他的父母，他要到别处去寻找幸福。

"我既然无法打动佛罗伦萨的王公贵人的慈悲，但我决心旅行全意大利，我要在学者荟萃的城市逗留，把我研究出的成果示范给他们，凭借上帝的帮助，说服他们推荐我获得谋生的职位。"伽利略对父母说。

听了儿子的话，父亲文新尼塞疲倦的目光中闪烁着一丝好奇和兴趣，他记得当年自己年轻的时候，也曾梦想着到远方陌生的地方去探险，却从未想过要超越故乡的边界。他问："伽利略，你要到哪里去呢？"

"我将访问规模宏大的意大利各大学——波隆那·帕多瓦，当然还有罗马。我已读过有名的耶稣会学者克勒菲的一些著作，我盼望见到他，并和他谈谈。"伽利略回答说。

他父亲打趣地说："我猜想这位高僧会请你前去看他的，可惜我们无法替你添置一套新衣服以壮行色。你沿途的生活又将怎么办呢？"

"我会像很多穷学生一样，住宿嘛，疲倦的人，屋檐下、稻草上就睡得觉；饮料嘛，路边溪流有的是水；面包嘛……"他笑了笑，继续说道，"在比萨的时候，我听到一个故事，有一个学生从荷兰到巴黎上大学，一路上行乞充饥。他没有别的东西吃，只有面包屑，有些硬得嚼不烂，为了提起精神，他依照自己得到的面包屑的新鲜程度，用拉丁文做了一篇很长的学位论文，并一路上朗诵不休。"

…………

几个月以后， 伽利略回来了。 风吹日晒， 皮肤已明显变黑， 也没能找到一份理想的工作， 但心情平静了许多，他带回了对罗马的美好的回忆。 这是 1587 年间伽利略的第一次罗马之行。

正是在罗马， 伽利略见到了克勒菲神父， 神父对他的写作和发明十分欣赏。 这位耶稣会教授已光荣地被大主教委以修改年历的重任。 伽利略能得到他的赞赏， 对他多年来的委屈和失意实在是莫大的安慰。

5.《论重力》 的问世

从罗马回到佛罗伦萨以后， 伽利略仍不间断地进行他的科学研究， 他已下定决心， 一辈子投身于科学研究之中。有一天， 伽利略问他的朋友："你们是否注意到物体在水中和在空气中的重量不一样？ 请看这一铁块， 在空气中， 它的重量是八磅， 放在水中只重七磅， 即失去了一磅。" 他把铁块放进水中， 表演给他们看， "我们必须弄清这两个问题：为什么物体在水中会失去重量？ 物体在水中会失去多少重量？"

"阿基米德对这个问题是怎么说的？" 一个朋友问道。

"阿基米德没能回答第一个问题， 他回答了第二个问题。" 伽利略回答道，"如果你把物体放进盛满水的罐子中，该物体就会排出一部分水， 如果被排出的水量重一磅， 该物体就减少一磅的重量； 如果被排出的水量重十磅， 该物体就会减少十磅的重量。

"阿基米德是正确的。 我们可以用不同重量的物体来做实验， 你们也可以用金子或银子等不同材料做实验， 答案总是相同的： 当物体占据了一部分水的体积时， 该物体就会减少相当于那部分水的重量。"

他的朋友做了一些实验。"的确，" 他们说，"你说得很对， 但你能回答第一个问题吗？"

"在回答第一个问题之前， 我们得先探讨一下重量问题。" 伽利略答道，"如果你把球往空中扔， 球也会很快着地， 为什么？ 因为球有重量， 它比空气重。"

"是什么力量在把球往下拉呢？ 为什么物体都有重量呢？"

"人们过去以为我们的地球是扁的，" 伽利略回答道，"他们说： 如果你走到地球的尽头， 你就会掉下来， 现在我们知道地球不是扁的， 它是一个大球， 你可以绕着地球走，一定不会掉下去。

"为什么不会掉下去呢？ 因为地球的中心有一种奇异的力， 叫重力。 如果我们往上跳， 重力会把我们拉回到地面上。 重力总是把物体笔直地往下拉。"

"真的吗？ 那为什么有的物体会翻倒呢？"

"请允许我解释这个问题。" 伽利略说，"每个物体都有重量， 但是物体的重心并不一定在该物体的中间部分， 如果物体的上部重于底部， 物体很容易倒下， 我们就说该物体的重心高了； 如果物体的底部重， 物体就不容易倒下， 我们就说该物体的重心低。"

伽利略拿纸画了一个图："请看这个图： 这个空盒一定会翻倒， 因为重心（C）不在底线（AB）上面。"

然后， 他在第一个图旁又画了一个图： "现在请看这个图： 盒子的底部有很重的铁， 盒子就不容易倒下， 因为它的重心仍在底线上面。"

伽利略的见解既正确又很重要， 今天对我们仍然有用。譬如， 英国的许多公共汽车很高， 当它们行驶在崎岖不平的道路上时， 你寻思汽车会翻车， 但为什么不会翻车呢？ 因为它们的底部很重， 即重心低。

基于这种认识， 伽利略撰写了一篇论文《论重力》， 受到了他的朋友里奇和其他几位有名望的佛罗伦萨学者的高度赞赏。 不久， 里奇把这篇科学论文呈送给大公爵费迪南德一世过目。

大公爵看后非常喜欢。"这个年轻人很有才华，" 大公爵说，"我们一定要起用他。 我们的比萨大学需要一位数学教授， 他正是恰当的人选。"

那一年是 1589 年， 伽利略非常高兴地接受了这一聘请。比萨大学每年给他的薪俸虽不多， 却能供他继续做实验。 比萨大学的某些教授依然不喜欢伽利略， 但这无关紧要， 因为大公爵赏识他， 学生们喜欢他， 一些最有才能的学生还经常帮助他做实验。

四

1590 年的一天中午，伽利略站在比萨斜塔的顶上，手中拿着两个铁球，对塔下围观的人群说："左手这个球重一磅，右手那个球重十磅，我将两个球一块儿往下扔，它们会同时着地。"

"他说得对！"人们喊道，"两个球同时着地了。"

1. 重返故里

1589 年，伽利略又回到了比萨大学。分别四年，比萨的变化不大，广场和街道依然美丽，斜塔依旧斜立在那里；比萨大学的变化也不大，园中建筑还是那样古朴、可爱，学术空气还是那样刻板、沉闷，教授们对他还是那样不喜欢。站在大学校园中，此时此刻，伽利略的心情和四年前明显是不一样的。四年前，他只是个学生，离开时，连毕业文凭也没有拿到手，而现在，则是以一个教授重返故地。

从此以后，他要在这里向大学生们传授数学知识，要在这里进行他喜爱的科学研究。

25 岁的伽利略，是一个热情的学者，也是一个精力充沛的人，每天除了完成安排给他的课程以外，他醉心于研究，观察各种自然现象，大多数时间是在科学实验中度过的。他说，他忙于实验的目的是要重新检验亚里士多德有关科学的学说，而不是把这些学说当成《圣经》来接受。他认为，发现真理、获得真理的途径，不是靠背诵亚里士多德的著作，不能迷信某一个名人，而是要通过研究大自然，从实践中寻求真理。学生们很喜欢他，一些最有才能的学生还经常帮助他做实验。

对伽利略的"狂妄"言论和实验，比萨大学的教授们恨之入骨，他们到处侮辱、谩骂伽利略："这个不知天高地厚的后生小子想要干什么？他竟然把亚里士多德的神圣的卷帙从书架上搬走，而代之以滑稽的绳索、锡块、杠杆和圆形的、多角形的、平面的这样那样的玩意儿。这些小孩子所玩的东西，怎么可以作为严肃的研究宇宙秘密的工具呢？"他们威胁说："要制止这种胡闹。"否则的话，他们将给伽利略一顿刻骨铭心的教训。

对亚里士多德派教授的指责、威胁，年轻的伽利略并不感到害怕，他仍然一如既往地进行着他的科学实验。伽利略在实验的基础上写出的《论重力》的长篇科学论文，第一个提出了自由落体定律。 根据这个定律， 物体不论大小轻重， 在自由下落的过程中， 若把空气的阻力产生的影响除外， 它们的加速度完全相同， 否认了亚里士多德提出的"重的物体落地快， 轻的物体落地慢" 的原理。

在一般人眼中， 除了上帝之外， 只有亚里士多德是对的， 伽利略—— 一个毛头小伙子， 竟敢否认被人崇拜了1900多年的希腊圣人的定律， 真可谓"大逆不道"。 伽利略提出的自由落体定律使比萨大学的亚里士多德派教授们非常愤怒， 他们群起围攻， 坚持认为， 伽利略是胡说八道："除了傻瓜以外， 没有人会相信一根羽毛同一颗炮弹能以同样的加速度通过空间下降。" 他们下决心要揭穿伽利略的荒唐， 要迫使他在大学的全体教授和学生面前当场出丑， 叫他永世不得翻身。

伽利略是很乐意接受这个挑战的， 他有信心做一次大型实验来证明自己的正确。 一天晚上， 在大家饮酒聊天的时候， 伽利略向他的几个非常要好的朋友说："我有办法了! 明天——不， 后天——不， 一个星期后的今天最适当。 我有足够的时间先行做实验， 然后再找出见证。 我要恭请全校的教职员、 学生， 还有比萨的全体公民来看， 我从比萨斜塔上丢下我的铁球， 大家都会看到这两个铁球是同时到达地面的。"

这时， 有个学生一边喝酒， 一边接过伽利略的话茬说：

"老师，假若这两个铁球，当中有一个打在我这不幸的脑袋上呢？"

伽利略风趣地回答："可能会从你的脑袋里撞出一些知识来。"

接着，伽利略又严肃地告诉朋友们："好了，现在你们都回去吧！今天晚上我讲的话，不要讲出去，等到你们接到我的通知后再说，我把时间公布在学校中央讲演大厦的布告栏中，你们可邀请你们的朋友来参加，我会去邀请各位教授光临的。"

2. 斜塔实验成功了

比萨斜塔建于 1173 年，塔高 179 英尺，由于塔基太软，塔身有点倾斜，因而得名。伽利略很小的时候就常到塔顶上去玩，这里确实是进行实验的好场所。著名的比萨斜塔重力实验，就定在一个礼拜后的一天中午。

指定的日期到了，教授们穿着他们的紫色丝绒长袍，整队来到塔前。大家吵吵嚷嚷，兴高采烈，准备看伽利略出洋相，对他的人品宣判死刑。

一位修表师傅从教堂广场经过，看见大教堂前面聚集了很多人。

"请问，年轻人，"修表师傅向旁边那位大学生问道，

"这里发生了什么事？"

"我们新来的数学教授伽利略先生，打算向我们证明，迄今为止关于物体降落的学说是错误的。"年轻人回答道。

"亲爱的年轻人，您能不能更确切地告诉我，伽利略究竟要证实些什么？"修表师傅又问道，他似乎对任何技术新闻都感兴趣。

"我们的物理学家都断言：物体越重，下落得就越快。"大学生解释道。

"那是当然了！"修表师傅赞同地说道，"一个明摆着的事实告诉我们：石头比麦秸秆下落的速度要快得多。"

"并不是那么回事！"大学生继续说道，"这里指的是密度或性质相同的物体下降速度问题。比如两块石头、两块铁或者是两个木球。"

"那可就不对了。"修表师傅大声说道，"连一个小孩都明白这样的道理：一块石头比另一块石头重十倍，那么，它的下落速度就必然比另一块轻的石头要快上十倍。"

"我们大学生，还有教授们都这么认为，亚里士多德的著作里也是这么写的，可是，我们新来的教授否认这种说法，他打算向我们证明他是正确的。他断定相同物质的物体下落速度是相同的，空气的阻力引起的差异是微不足道的。可是，真对不起，我们得赶紧走了，不然就耽误了这次实验。"

"什么实验？" 修表师傅冲学生的背后喊道， 但没有得到答复， 学生已经走远了。

修表师傅怎么也摆脱不掉好奇心， 于是， 他也赶快往教堂的钟楼走去。

将近正午时分， 斜塔前面成半圆形围满了人， 不仅有比萨大学的教授、 学生， 还有比萨的市民。 关于伽利略的理论， 人们已有所耳闻， 今天到这里来就是为了能亲眼看一看这从未见过的新鲜事， 因为直到现在还从未有人想通过实验来验证亚里士多德的运动理论。 大家也一直觉得没有必要做这样的验证， 难道亚里士多德还会错？

伽利略出现在离人群不远的地方， 他满怀兴奋， 望着眼前黑压压的围观者， 他心中确实难以平静。 他看到了几位教授， 有的脸上还挂着藐视的神情， 他又看到了人群中的几位修士。

"真妙！" 伽利略自言自语地说，"那些耶稣会的出色科学家也来了， 只要他们能把我的实验结果带到罗马去， 那就太好了！"

靠近斜塔入口处， 一位老教授迟疑了一下， 对伽利略说："我们正在争辩， 是否值得做这样的表演。 万一失败了呢？"

"绝不会失败。" 伽利略信心百倍地说， 他转身向等候在钟楼门口的两位弟子打招呼， 他们两人手中各拿着一台滴漏计时器。

伽利略反复地叮咛他们一定要站在能看见他在塔顶做手势信号的地方。 然后， 他转向人群， 简单地讲解了这次实验的目的， 他说："我的左手拿着一个小铁球， 重量刚好是一磅； 我的右手拿着一个大铁球， 重量是十磅。 假若有人不相信请上前来试拿一下， 马上就可以明白这两个铁球的重量确实相差很大。 读书的人都知道， 亚里士多德的理论是：不同重量的物体， 如在同一高度同时掉下的话， 到达地面的时间则不一样。"

有一位教授在人群中怒声挑战："是的， 较重的物体下落时间和它的重量成正比， 你右手拿的较大的一个会比你左手拿的那个快十倍。"

伽利略好像没有听到他的话， 继续解释着。 这时， 群众的兴趣也提高了， 大家尽力往前挤。

"你们将看到， 我倚靠在你们头顶的栏杆上， 双手上举， 算是一个信号， 让这两个年轻人注意着我同时把球丢下来。 滴漏计时器已调整好， 它能将这两个球落在地上的时间记录下来。"

同时， 伽利略又警告大家说："为了大家的安全， 请大家站得靠后一点。 当然， 我会让这两个球直线下落， 不会伤害到任何一个人。"

伽利略进入塔中的时候， 城内正午时刻的钟声正好敲响。他快步上到塔顶，围观的群众看到了他的头、肩从塔顶栏杆边露了出来，他长袍的袖子在微风中飘动。只见他双臂上举做出了准备的信号，并向下面围观的人群大声喊道："现在，请大家注意观看。"

同一时刻，伽利略把两个铁球从斜塔上丢了下去。

同一时刻，两个铁球落到了地面。

手执滴漏计时器的两个青年首先打破寂静："老师，时间相同！""老师，没有一秒的差别！"他们大声向塔顶上的伽利略喊道。

群众也立刻轰动，像日暮归来的群燕，啁啾声充斥高大斜塔的泥巢，一片喧哗。

"相同的时间。"

"你应该相信你的眼睛了吧！"

"滴漏计时器是假不了的。"

"他说得对！"人们喊道，"两个铁球同时落地了。"

由于兴奋，伽利略的双眼闪着喜悦的光芒，实验成功了，他刚才证明了旧的落体学说是错误的，他的观点是正确的。

响起的掌声和赞成声，很快又被一些反对者的声音给压倒了。

"两个铁球的重量差别太小了，因此，它们下降的速度就难以看出来。"反对者大声喊道。

伽利略对这种反对意见早就有所预料，他从身后拿出两个准备好的石球，一个有鸡蛋大小，另一个则大得多，他举起双手，再次向塔下发出信号。

两个石球同时抛出。

两个石球又几乎同时掉到地面上。

这次实验又成功了。但有一些教授仍出来制造混乱：

"斜塔总共才 179 英尺，用以测量石球下落的差别，这个高度显然是不够的。"

伽利略决定做第三次实验。他请塔下的朋友拿出摆锤，并迅速使它摆动起来。于是，他又发出信号，从斜塔上扔下一个很小的铁球，在它离开斜塔到落到地面的过程中，摆锤摆动了三次。接着，伽利略从斜塔扔下一个很大的铁球，摆锤同样摆了三次。三次实验，其结果完全相同。

这些不同寻常的实验结果震惊了比萨全城每个家庭、作坊、商店，在大街上、大学校园里，人们的谈话往往要涉及这位年轻的教授伽利略所做的实验。

伽利略的学生们当然很高兴。他们把老师的论文《论重力》抄写许多份，分别寄给各自国家的科学家，这就使伽利略名声远扬，而且结交了很多朋友。

但是，奇妙的实验结果还是说服不了那些老教授，他们仍然说伽利略错了。尽管他们的眼睛见证了实验结果，但他们照旧宣传亚里士多德的学说，继续排挤伽利略。

伽利略没有因为遭到排挤而心灰意冷，他照常进行他那不合常规的教学，继续向学生讲解他的重力理论。

当然，他的学生对这篇论文还不是十分了解，仍有许多疑问。

"物体下落的速度有多快？"学生们问道。

"这是一个重要的问题。"伽利略答道，"物体往下落时，它的速度每秒钟都在加快。这一点我要慢慢地讲，以便让你们把数字记下来。"

"物体下落的速度在第一秒钟是16英尺，第二秒钟是16+32英尺，第三秒是16+32+32英尺，第四秒钟是16+32+32+32英尺。因此，四秒钟后，物体就下落了16+48+80+112=256英尺。你们明白了吗？"

他把数字又讲了一遍，然后接着说："我们可以用另一种方式表达一秒钟后物体下落的速度，公式是$16 \times 1 \times 1$英尺，四秒钟后，物体就下落了$16 \times 4 \times 4 = 256$英尺。"

"这个公式对吗？"一个学生问道。

"不，这一点只有在特殊的条件下才成立。空气不允许每个物体以同样的速度下落，例如，一张纸下落时就相当慢。可是，这个公式在真空中是不变的，因为真空中没有空气。"

"什么是真空呢？真空就是一点空气都没有。你自己可以造真空：拿一根细玻璃管，把底部放入水中。如果你吮吸管子的上端， 就能通过管子把水吸上来， 对吗？"

"对。" 学生回答道。

"你开始吸吮玻璃管时， 管内有空气。 如果你把这部分空气吸出， 管内就成了真空， 这时水就上升， 把真空填满。"

"是这样的， 可是水上升时得克服重力。 怎样能做到这一点呢？"

这时， 一些亚里士多德派的人走了进来。"请坐，" 伽利略说，"我们正在讨论真空问题， 也许你们能帮助我们。 请告诉我， 水泵是怎样从深井中抽水的？"

"水泵构成真空， 把水往上抽。"

"要是水太浅， 水泵能抽水吗？"

"不能。 如果水位低于 34 英尺， 水泵就抽不上水来。亚里士多德是这样讲的， 绝不会错的。"

"的确是这样讲的。" 伽利略说，"可是为什么水泵不能把水抽上来呢？ 亚里士多德告诉过你们吗？ 没有吧？" 伽利略笑了，"可见， 亚里士多德并不能回答所有的问题！ 我应当帮助他， 对吗？"

亚里士多德派的学者听了很生气， 但也无法反驳。

"我可以告诉你们： 水之所以能克服重力， 沿着管子上升， 是因为空气把管中的水往上压。 空气有重量， 总是有推力， 因此只要哪里出现真空， 空气就设法去填满它。"

"空气有多重呢？" 亚里士多德派的学者坐不住了。

"每平方英寸空气重 15 磅。" 伽利略胸有成竹地说。

"您怎么能证明这一点呢？"

"水泵中的水可以证明。" 伽利略答道，"空气把水往上压，低于 34 英尺时，水就比空气轻；高于 34 英尺时，水就比空气重；如果刚好 34 英尺，两者的重量就相等。因此，只要你把这些水的重量称一下，就能求出空气的重量。"

伽利略随时都能用实验来证明他的话。"如果你们到花园来，" 伽利略说，"就能观看这项实验。"

他们来到了花园，伽利略给他们看一根长管子。"这根管子长 34 英尺，" 他说，"口径恰好是一平方英寸。我们将它装满水，然后称一下水的重量。" 他们照着做了，果然，这些水恰好重 15 磅。

"你们对这个问题还有什么疑问吗？" 伽利略问亚里士多德派的学者们。

"亚里士多德没有讲过这些事情，所以它们不能成立。" 他们答道，"你现在可以嘲笑我们，总有一天你会后悔的。" 说完，他们走出花园，到街上去了。

"有些人仍然相信地球是扁的。" 伽利略无奈地说。

亚里士多德派的学者们走后，伽利略和学生们也回到室内，继续上课。"现在回到你们前面提到过的那个问题，" 他说，"为什么物体在水中会减少重量？因为空气的质量总要把水往下压， 而水又总是想往上涌。”

"任何物体入水后， 水就从它下面把物体往上推。 水就是这样帮助人游泳， 帮助船舶在海上航行的。”

"关于重力， 我还有个问题不明白。” 一个学生说，"开普勒写过文章说， 月球的重力吸引着地球， 海水每天涨潮两次， 退潮两次， 也是因为月球吸引地球的缘故， 是否真是这样？”

伽利略当时并没有完全接受开普勒的见解， 看来很少犯错误的伽利略这一次也出了错。 后来， 英国科学家牛顿（ 1643—1727 ） 证明了开普勒见解的正确性。

3. 向旧势力挑战

在比萨大学任教期间， 伽利略不仅因为不合常规的教学常常引起非议， 而且也因为不合常规的生活方式屡屡遭到学校当局和亚里士多德派教授的抨击。

根据比萨大学的规定， 教授无论在教室内还是街上都必须穿长袍。 伽利略就是不肯遵守这一条， 他认为这是一条荒唐透顶的规定。 他坚持说穿长袍妨碍他走路， 他一向主张自由自在， 无论是思想上还是身体上。 他甚至说， 传统的服装如同传统的思想一样， 是魔鬼发明的。 由于伽利略一再违反这条教规， 他多次被迫从微薄的薪水中付出罚金。 大学当局对这位"叛逆分子"的行为表示无法忍受，寻找借口要把伽利略赶出大学校门，他们的理由仅仅是像这样违抗时代的人不适合担任大学教授的职位。

借口没用多久就找到了，多斯卡尼大公爵的兄弟左丹尼，自视为当代了不起的机械学家，发明了一种疏浚河道的机器，打算用它来疏通里窝那港。一架样机送到伽利略那里，让他进行检验并写报告，伽利略在他的报告中说：机器的设计者显然表现了非凡的才能，但必须指出，这种机械没有实用价值。

左丹尼看了伽利略的报告后十分气愤。为了证明伽利略的判断是错误的，他马上下令照原模型制造，可制造完成后证明这一发明是失败的。

左丹尼忍受不了这种结局，他跑到大公爵那里去，对大公爵说伽利略如何轻视于他。大公爵听信了他的话，对伽利略产生了恶感，并在盛怒之下勒令比萨大学以任教资格为理由，撤销伽利略的教授职务，大公爵的态度与学校当局不谋而合。这时，一些一向反对伽利略的教授纷纷攻击他，并鼓励一部分不明真相的学生进行起哄。在此情况下，伽利略深感难堪，愤然离开了比萨大学，回到了佛罗伦萨。

五

　　威尼斯热情好客，帕多瓦学术自由，伽
利略如鱼得水。一个学生说："我跟伽利略
学习三个月，比跟其他人学习很多年得到的
还要多。"伽利略的课轰动了帕多瓦大学，
吸引了远方的青年。伽利略也赢得了威尼斯
姑娘的爱，但他时刻牢记着父母的养育之恩
需要报答。

1. 威尼斯欢迎伽利略

　　伽利略回到家里，正逢他父亲病重去世，剩下寡母及两
个妹妹、一个弟弟。小弟米盖尚无能力供养母亲，妹妹丽
薇和佛琴前途无望，只有结婚和做修女两条途径，可她们俩
都没有做修女的打算，伽利略作为长子，是家里的顶梁柱，
他只得慷慨地答应替她们准备妆奁。然而，伽利略的手中也
是空空的，在比萨大学任教期间，他不仅在荣誉上受到损
害，而且经济上也十分拮据，并未存下一文钱。像这样窘

迫的情形，何以养家糊口？幸好伽利略有一些有权有势的好朋友，他们都非常崇拜伽利略。

为了改变经济状况，一文不名的伽利略鼓足勇气向两三个大学写去了求职信，也和一些要好的朋友进行联系，向他们寻求帮助。

这时，帕多瓦大学正好有一数学教席空缺，几位有影响的朋友就写信给伽利略，让他尽快寄来申请书，想尽力促成此事。伽利略却担心会又一次失望，他心情沉重，充满不安，最后决定去威尼斯旅行，这样他可以见到一些有权控制帕多瓦大学的人。

他深深地记得年轻时在佛罗伦萨所过的羞辱的日子，觅取资助、寻求工作时尝到的闭门羹，以及寄人篱下乞求面包时的辛酸。但现在，情况毕竟有所改变，虽说失败于比萨大学当局，但他从事的事业已赢得了意大利很多有名望的科学家的注意，这对于他的名声和前途而言，或许会日渐有益。

时隔不久，伽利略收到了一个意外的喜讯，朋友从威尼斯寄来一封信，邀请他去帕多瓦大学执教，任期六年，年薪200元。

"这个邀请太妙了！"他高兴地喊了起来，"他们要我去担任数学教授，工资很高，比我在比萨大学时所得的报酬多三倍，我可以继续做我的实验，用不着把时间浪费在兼课上了。"

帕多瓦大学属于威尼斯共和国。 威尼斯和佛罗伦萨一样都是意大利的邦国, 不同的是, 威尼斯是一座欢乐的城市, 拥有意大利最好的大学, 并鼓励自由思考、 自由探讨。 在威尼斯, 书店里的书籍和印刷物, 比欧洲任何地方都丰富。帕多瓦大学摆脱了罗马教廷的枷锁, 为各种信仰的人打开了大门, 凡是意大利有名望的大学者都喜欢来这里任教。 伽利略晓得他的机会来了, 在这里, 他不再害怕因找亚里士多德的差错而受到排挤, 尽管有人不同意他的新学说, 但是不会有人轻易侮辱他。

在伽利略所处的时代, 威尼斯人富有挑战精神, 他们不怕罗马教会。

"教皇是教会的领袖," 威尼斯人说,"但不是我们国家的领袖。 教会只应管理教务, 不应对我们的医生和教师发号施令。 在我们的大学里, 医生和教师是不受约束的。" 思想开放、 言论自由的威尼斯确实成了学术界人士的乐园。 威尼斯的统治者、 总督、 政要、 商业巨擘等都喜欢培植艺术与科学人才, 在那多姿多彩的宫殿里, 不仅藏有水晶、 金银、珠宝及艺术品, 也有极为丰富的藏书。

威尼斯也以富庶、 强盛而著称, 这里所制造的玻璃器皿闻名世界, 欧洲和亚洲的许多大城市都出售威尼斯人的商品。 威尼斯人喜欢访问异邦, 1271 年, 马可·波罗就是从威尼斯来到中国，我们至今仍能读到他所写的游记。作为地中海沿岸的强国之一，威尼斯的造船业与航海业也闻名遐迩。

威尼斯人也同样热情好客，他们热烈而又坦诚地接纳了这位充满新思想与进取精神的异乡青年。

2. 执教帕多瓦大学

帕多瓦大学是帕多瓦知识生活的焦点，也是当时世界上最伟大的学术中心之一。当时，许多有名的大学都是由教堂和寺院发展而成的，帕多瓦大学在开始的时候却是一所法律学校，它是由所谓的学者"罢教"而成立的。在13世纪的波隆那，如同当时的许多大学城一样，学校的兴盛视教师、学生进入这所大学的人数而定，大学常常是因为需要而建立。在波隆那曾发生过一次城市与学校的争斗，教授们穿着长袍、戴着方帽，把他们身穿黑色制服的学生集合起来，率领他们步行来到帕多瓦，建立了这所学校。

在这里，《圣经》、宗教法、民法都一样讲授，不久之后，才增添了其他科系如医学、哲学等。在自由的学术气氛中，各种新思想的传播都受到欢迎并且被接受，使得帕多瓦的科学课程日趋成熟。这里的数学系教授是欧洲最有名望的老师，在他去世之后，伽利略有幸接任了他的工作。

在帕多瓦，除了圣安东尼大教堂外，帕多瓦大学校本部是最重要的学术机构，人们习惯上称它为牛，因为校舍原先曾经是一个旅馆，旅馆的门上漆着一头牛的图画。帕多瓦大学的人称他们自己是"斗牛者"，这里的学生非常重视他们的校誉，随时准备着为母校的光荣传统而战。

这群"斗牛者"和耶稣会发生了激烈的争执。耶稣会在帕多瓦大学成立多年后，也建立了自己的学院，为了争得在上课前敲响声音洪亮的黄铜制钟的权利，这两所学校的学生几乎打了起来。大学的教授们，为了保持尊严没有使用拳头，却使用了笔战，运用争辩术互相进攻，各不退让。

伽利略没有参加这一纠纷，因为他认识耶稣会里很多学识渊博且能容忍新观念的学者，他没有忘记罗马大学克勒菲神父在他还是一个默默无闻的学生时对他的仁慈与教诲。

帕多瓦大学的教授群中，很多人都能接受对亚里士多德的批评，在这种自由的学术气氛中，伽利略如鱼得水，可以充分施展自己的智慧，一方面尽心尽力地完成其教学任务，另一方面也可以无拘无束地继续他的科学实验。

当他走进教室讲授他的第一堂几何学的课程时，伽利略是多么激动啊！他抑制住内心的兴奋与不安，把一切精力都投入到教学工作中，他以丰富的内容、独到的见解与娴熟的教学深深地吸引了学生们，也陶醉了他自己。

下课铃响了，教室里响起了雷鸣般的掌声，学生们拥上前来，有的接二连三地提问题，有的只是想走近他，进一步了解这位新来的与众不同的教授。

伽利略的教学很成功，名声传遍了帕多瓦大学，来听课的人日益增多，教室已容纳不下，学校只好接二连三地给他换教室，尽管已换到全校最大的教室，课堂上仍然是座无虚席。

在教学之余，伽利略仍继续进行科学实验，他的实验涉及广泛的理论和实际知识的领域，从星宿的轨道一直到战场上的行军作战。尽管从未在军队中服役，伽利略却掌握了透彻的军事工程知识，这种知识使他有可能招收一批私人学生——王公贵族和军人，那些以统治或战争作为终生职业的人。这些私人学生为了取得跟伽利略学习的机会，互相竞争。伽利略尽量满足他们的要求，他搬进一所较大的房子里，还邀请一些学生搬来和他同住、同吃，这样可以经常利用饭间或其他零碎时间，讨论和研究各种各样的问题。

3. 爱上玛丽娜·根巴

在帕多瓦这块自由的天地里，伽利略无忧无虑地工作着。一有空闲，他也常常到威尼斯去旅行。威尼斯一些喜欢热闹的人经常举行一些奢侈的晚宴，并配合有化装舞会、音乐会等。这种场合同时也是许多人交换艺术、文学或科学新闻资料的最佳时机。 伽利略常常参加这样的晚宴， 结识朋友， 交流思想。 在晚宴上， 他已不再是敬陪末座的被人遗忘的人了， 尽管有时仍穿着他那破旧的上衣， 可那些珠光宝气、 身穿绫罗绸缎的客人却喜欢围绕着他， 静静地听他讲比萨斜塔上的表演或关于流体静力学方程的描述。 伽利略满怀信心地讲着， 酒酣耳热间， 越来越多的人为他的才华所倾倒， 这位年龄仅有 20 多岁的帕多瓦教授成了人们关注的重要人物。

也就是在这类晚宴上， 伽利略首次遇见了玛丽娜·根巴， 一个非常美丽的姑娘。 她身穿淡雅的服装， 戴着只有贞洁妇女法律上才允许佩戴的白色面纱。 她有着欢乐的性格和轻松愉快的谈吐， 伽利略一见钟情， 深深地爱上了她。玛丽娜·根巴出身寒微， 不是大家闺秀， 也没有穿戴镶有珠光宝气的豪华服饰， 但伽利略被她的美貌和气质所折服。

第二天， 伽利略打听出她的名字和住址后， 就带着一束鲜花和一篮水果贸然前去拜访。 玛丽娜热情地接待了他， 因为她也同样热烈地爱上了这位英俊潇洒、 年轻有为的小伙子。 他们在一起谈天说地， 讨论音乐、 文学、 美术， 并广泛涉猎科学方面的问题， 可谓情投意合。 很多年以后，当早期的威尼斯生活已变成碧水青天般的梦幻时， 伽利略仍旧清晰地记得玛丽娜的青春艳丽及如旭日初升时的耀眼光彩，他永远也不会忘记当时发生在他们生活中的一幕幕情景： 正午的阳光， 从窗格的缝隙中照射进来， 落在她那金黄色的头发和唇间咬着的杏仁上。 伽利略这才留意到她那苗条的身材， 还有一双极纤细、 白嫩的小手。

她的手是那样纤柔娇媚， 伽利略甚至不愿让钻戒、 玉镯等装饰品破坏了它的纯美。 但他并非一个吝啬的情郎， 为了表达他爱得真切、 爱得投入， 他从朋友那里借来一些钱， 在亚多金饰店里精选了一副耳环， 装饰在她那漂亮的耳垂上， 使之摇曳生姿。 伽利略送给玛丽娜的第二件礼物是一条精工细作， 镶嵌有深蓝、 红和橘黄色宝石的小巧项链。

伽利略永远记得玛丽娜戴上这条项链时说的话： "伽利略， 我真爱上了你， 但我不要你再为我买什么礼物了， 我知道你每次给我买礼物， 你自己都要挨饿。 就让别的男人买些精美的小装饰品给我， 我只要你写的诗歌。"

每当这时， 心情激动的伽利略就会拿起心爱的琵琶， 坐在那间小屋的走廊上为心上人演奏、 吟唱自己为她创作的诗歌。 但更多的时候则是用琵琶伴奏一首 400 年前一位意大利人为他的情人所创作的诗歌：

> 我已寻遍卡拉布里亚，
> 伦巴底和多斯卡尼，
> 罗马、比萨、卢卡、热那亚，
> 在海与海之间；

是啊，我甚至来到巴比伦

和远远的巴巴利；

但在任何地方，我没有找到一个女人，

比得上你的纯美。

有一次，正在弹唱的伽利略，瞥见狭小的运河上，有一只载满鲜花的平底小船向市场驶去，当船经过他们身边时，伽利略递上一枚小银币给划船人，那船主便送上一束玫瑰和茉莉花给玛丽娜，看着玛丽娜拿着鲜花，低垂香鬓的娇羞状，伽利略心中十分甜蜜，充满了难以言表的幸福感。

同西塞罗一样，伽利略相信一个人不可能同时既是一个好哲学家又是一个好丈夫。但他还是想把玛丽娜接过去一块儿住，尽管他也知道，让玛丽娜现在住在帕多瓦的家里显然是不合适的，那所房子里尽是学生，而玛丽娜对他的工作又毫无兴趣，时间一长，玛丽娜肯定会不高兴的。

于是，伽利略在原来住宅的附近买了一所房子，布置周全后，把玛丽娜接来住在那里。他在学校里忙碌，晚上有时和学生、朋友在一起，有时跟玛丽娜在一起，生活很美满，虽说他的关节炎时常发作，但有玛丽娜的精心照料，并不觉得十分痛苦。

1600 年，玛丽娜为他生了一个女儿，伽利略高兴极了，他激动地向朋友们宣告：从此，我要做父亲了！

后来， 玛丽娜于 1601 年、 1606 年， 又相继为他生了一女一男两个孩子， 伽利略为两个女儿取了妹妹的名字： 大的叫佛琴、 小的叫丽薇； 为了纪念父亲， 他为儿子取名文新。 伽利略很喜欢孩子， 在他繁忙的工作之余， 经常回来和孩子们生活在一起， 尽享天伦之乐。

但是， 伽利略和玛丽娜并没有正式结婚， 尽管伽利略对玛丽娜及孩子们的照顾也很周到， 但他们还是常常不能和伽利略住在一起， 伽利略爱自己的亲人， 也更爱自己的工作。他不愿意有任何事情扰乱他的心绪。"女人、 孩子太爱说话，" 伽利略说，"他们喧闹不休， 每当我要思考问题时，他们老是说话， 做我这种工作， 需要安静。"

4. 繁重的家庭负担

1599 年， 伽利略再次被帕多瓦大学聘为数学教授， 继任六年， 薪俸也由 200 元加到 350 元， 算是当时意大利薪金最高的数学教授了。 他为私人学生授课， 也增加了他的收入。此外， 他还开了一个铺子， 出售他的一些发明产品， 如天平、 两脚规、 测量脉搏的摆锤等。

尽管收入大大增加了， 但伽利略仍觉得非常拮据， 改善家庭财务的设想老是难以实现。 佛罗伦萨的家仍是他最大的负担， 为了顾及面子， 他承担起了他父亲去世前因生活艰难所欠下的债款。 他还必须留下一部分钱供养母亲， 并定时寄钱给小妹丽薇以支付修道院的住宿费与学费。

妹妹佛琴的婚事已使伽利略有好多个晚上无法入睡， 她的新郎是佛罗伦萨一个官员的儿子， 家境也很贫寒， 但他坚持让女方出一份妆奁以配合他的家世地位。 伽利略写信给他， 答应在婚事后的一段时间里准备好这笔钱， 当时， 不知道什么原因， 他让弟弟米盖签下了这份约定书。

弟弟米盖虽说有些天分， 但他既不可靠又有几分懒惰。他和妈妈吵过一架之后， 便搬到帕多瓦与哥哥住在一起， 并答应以教授琵琶音乐课来维持生计。 可事实上他并不热衷于找学生， 连已有的少数几个学生也常常是等不见老师来上课， 米盖常常跑到附近的一个酒店去鬼混， 伽利略十分担心。 在负债累累的情况下， 他还是凑足了一份比自己的年薪数目还要大的差旅费送弟弟到波兰去， 满足了他想到一位波兰贵族门下工作的愿望。

米盖的问题解决了， 新的麻烦又接踵而来。 佛琴刚一结婚， 她的丈夫就等得不耐烦了， 在法庭上状告伽利略， 要求他尽快付清拖欠的妆奁费。 为了不让母亲和妹妹受到羞辱， 他不得不向大学的财务部请求预支两年的薪金， 把钱寄给了佛琴的丈夫， 这件事情才算平定下去。

这时， 小妹丽薇因耐不住修道院的寂寞生活， 已回到了母亲身边， 接着便写信给宠爱她的哥哥说， 她的对象是佛罗伦萨有名望的世家，她要求得到比姐姐更丰厚的妆奁。伽利略尽管很犯难，但还是勉强答应了妹妹的要求。后来，在他的手稿里发现了一张替丽薇准备的购物单：附丝帷的床铺、衣服、丝绒、锦缎、高跟鞋等。每当伽利略忆及自己穷困的童年时，他总是下决心不让自己的妹妹在别人面前觉得低人一等。

与此同时，伽利略个人的消费也在逐年增加，除了为玛丽娜购置住房以及用于科学仪器的开支以外，又不得不承担做父亲的种种责任与义务。尽管这样，他并不吝啬，处理问题时仍显得非常慷慨，他常常拿出做私塾家教的部分收入来负担和他同住一室的学生的住宿费用，对管家也极为大方。

伽利略的健康状况也和他的许多债务与义务一样令人担心。开始时，他患有严重的关节炎，有时甚至无法工作，必须卧床休息。玛丽娜想亲自服侍他，伽利略却不忍心，宁愿让仆人来承担这一切，他有一种心态，即不愿意让依旧健美、年轻的玛丽娜看到自己未老先衰、痛苦不堪的狼狈样。

生活的重压并没有把他压垮，伽利略依旧参加威尼斯的宴会、舞会、文学朗诵会、夜曲会、嘉年华会、滑稽戏表演以及家庭音乐会等。在音乐会上，他不仅是听众还是演奏者，因为他是一位极其优秀的琵琶手。他甚至还创作了几出滑稽戏， 自己亲自扮演某些角色， 逗得观众捧腹大笑。

　　尽管生活有种种不如意， 但伽利略对威尼斯这座城市已产生了深厚的情感， 他晚年给朋友的信中曾这样写道："听说你要回帕多瓦去， 真叫人艳羡。 我在那里度过了我生命中的最好的 18 个寒暑， 享受到最高的自由和友谊， 使我深深怀念和感激， 不只是帕多瓦， 邻近的威尼斯也一样。"

六

　　伽利略不愿做医生，却很想帮助医生，围绕"我们怎样才能测出人体内血液的温度"这个问题，率领学生经过无数次的思考、无数遍的实验，终于使温度计问世了。

1. 有关温度计原理的讨论

　　帕多瓦大学的医科实力雄厚，影响颇大，它不仅拥有意大利一流的医生，而且也进行着一流的研究。教授们不仅解剖尸体研究人的四肢和心脏，而且还研究血液的循环规律。

　　作为年轻的大学教授，伽利略不是医生，却很想帮助医生。"人生病时，他的血液温度通常会升高。"他常常询问他的学生，"我们怎样才能知道它呢？我们怎样才能测出人体内血液的温度呢？"

　　"我们不可能做到这一点，"他的学生争辩道，"我们用不同的仪器测量不同的东西。例如，我们用时钟计算时间，用尺子测量大小，我们也能用秤称重量，我们能测量罐内的水量，但不能测量水的温度，我们还没有这种仪器。"

　　伽利略做了许多实验，一些最有才华的学生也帮助他一起实验。"请看这罐水，水是冷的还是热的，我们怎么才能知道呢？"他问学生。

　　"我们用手摸一摸，"他们说，"我们要用手指试试水的温度。"

　　"是的，但这样做很可能烫伤你的手。你们都在研究数学，因此应该用数字来测量，而不是用手指。大家再想想，水非常热时，就会沸腾，那时水会在罐内上升，为什么会上升呢？"

　　"因为水达到沸点时，体积就会大大增加，水就会膨胀。"

　　"水冷却时，体积还会发生变化吗？"

　　"会的。那时水的体积会缩小，会收缩。"

　　"对！"伽利略说，"物体受热就膨胀，遇冷就收缩。水的温度改变，其体积也随之改变。我们测量水的体积，对吗？"

　　"对，我们能测量。"

　　"如果我们能量出水的体积变化，也就能测出它的温度变化。我们现在得做些实验，请递给我那支试管。"

　　试管是科学家用的一种专门的玻璃管。现在的试管是细长形，像根管子，但在伽利略所处的时代，试管的底部又短又粗，由硬质玻璃制成，这样受热时不易破裂。

"在实验之前，您能给我们解释一个问题吗？"一个学生问道，"物体是怎样膨胀和收缩的？"

"你们还记得粒子吗？"伽利略答道，"我们讲过，任何物体中的粒子都黏聚在一起。当物体受热时，这些粒子不再紧密黏聚，而开始激烈地互相排斥，离开中心，这些物体就变大——膨胀了。"

"固体中的粒子通常处在一定的位置上，所以固体膨胀得慢；液体中的粒子通常在移动，因此液体膨胀得较快；气体中的粒子永远在自由运动，所以气体膨胀得非常迅速。"

"清楚了吗？好，现在请你们注意下面要做的实验。"

2. 满意的实验

伽利略一边拿起试管，一边对他的学生说："如果我这样用手握住试管底部，管内空气就会变热，因为我体内的血液是热的。空气和水一样，会膨胀和收缩，试管内的空气正在膨胀。"

他用手握住管子底部，等了一会儿，接着说："现在我正把试管的上端插入一罐冷水中。假如我把手松开，管内的空气又会变冷。管子变冷后，就会把水吸上来。"

伽利略松开握试管的手说道："你们看见了吗？瞧，管子里的水上升了。”

“可是， 水得克服重力呀！” 他的学生喊道。

“是的， 水在克服重力。 为什么？ 因为冷空气收缩时， 管内成了真空， 真空能使水上升。 这点你们已经学过， 要不， 你们忘记水泵了吗？”

伽利略用手握着试管， 空气逐渐变热， 管内的水下去了。 现在他在测量这些变化。

“我们必须在试管上标出一道一道的刻度，” 伽利略说， “还得在每道刻度上标明数字， 这样就可以用数字测出空气的温度。”

他们把试管标上刻度和数字， 然后每个学生都自己做实验。 当每个学生把手放到玻璃管上后， 水总是到达同一刻度， 为什么？ 因为他们的血液始终是同一温度， 即相同的“温度”。

人们无法测量冰的“温度”， 冰不是热的！ 所以， 他们使用了“温度” 这个词。 这个词概括了各种情形——热温和冷。 如果用数字来测量温度的话， 热的东西温度高， 而冷的东西则温度低。

伽利略对这个实验很满意。 “这一实验能够帮助医生工作。” 他说，“人生病时， 他的血液温度通常升高， 要是病人握着试管， 管内的水就会升到较高的温度。 这样， 医生就知道病人血液的温度了。”

这就是最初的温度计。 温度计这个名词来自希腊语的
"热" 和"测量" 这两个词， 科学家要用新词表达新概念
时， 通常用拉丁语和希腊语构成新词。

伽利略的温度计可测量空气的温度， 他知道这种温度计
很不完善， 因此他总是试图制造更好的温度计。

"水不是制造温度计的理想液体，" 他说，"水在寒冷的天
气要结冰， 而水结冰时体积就会膨胀， 那时会发生什么情况
呢？"

"冰会把试管崩裂。"

"对。 是否各种液体都会结冰呢？ 我们得测试各种液
体， 要做许多实验。"

伽利略测试了许多种液体。 最后， 他测试了一种酒精。
各种烈性酒中都含有酒精， 酒精是饮料中的烈性成分， 冬天
不会结冰， 是制造温度计的良好液体。 直到今天， 我们有
时仍采用酒精制造温度计。

3. 后世的改良

在以后的年月里， 伽利略的学生继续进行他的这一工
作， 并有了新的观点。"有空气就无法制造出优质温度计，"
他们说，"我们不能让试管里既有空气又有液体。 我们只能要
液体， 我们必须量出液体的温度。"

他们把酒精放在试管的底部煮沸，酒精就膨胀了，上升到管子的顶部。然后，他们封闭顶部，管内就没有空气了。酒精再次冷却收缩，酒精下降试管的上部成了真空。这样，他们就能测量酒精的温度，热酒精在管内上升，冷酒精则下降。

在伽利略制造的温度计里，真空能把水抽上来。为什么呢？因为那罐水是开口的，空气可以进入。这样，空气就把水推向管子上部。记得水泵吗？空气就是这样把水从水井往上压的，对吗？

在他们制造的新温度计内，真空却不能把液体抽上来。为什么？因为空气进不去，无法把液体往上压。

酒精和水一样，是一种透明液体，放在试管内不易看清。他们把酒精染成红色，这样就能毫不费劲地看清楚，用它进行度量了。

可是，酒精也有另一种麻烦：沸腾得太快。他们还能采用什么呢？什么样的液体结冰慢、沸腾也慢呢？只有一种物质——水银。

水银是一种非常特殊的液体金属。一般金属都很坚硬，加热时才变软。水银则不同，始终是软的。

水银是制造温度计的良好液体，因为它能迅速地由热变冷，也膨胀得很大，所以它能测量得很正确。医生把体温表放入病人口中，一分钟后就能正确测出体温。

酒精有时会黏在管壁上，因为灰尘容易进入。水银却没有这一缺点，灰尘进不去。水银也很容易看清楚，用不着染色。

现在，温度计上的数字表示温度的度数。可是从前，不同的人在温度计上刻有不同的度数，这样就不能用同一度数来表示同一温度。

"这是一个很大的缺陷，"德国科学家华伦海特说，"温度计应该跟尺子一样，每把尺子量出的长度应该是一样的，每个温度计测出的温度也应该是一样的。" 1714 年，华伦海特研制了一种特殊的温度计。水沸腾时，温度计就指到 212°F（华氏温度）；水结冰时，温度计就指到 32°F。现在，在美国和英国，有的人仍然使用这种温度计。

1742 年，摄尔西斯制造了另一种温度计。摄尔西斯是瑞典人，在他的温度计上，水到 100℃（摄氏温度）沸腾，0℃结冰，许多国家纷纷采用了这种温度计。

医生也使用水银体温表。健康人的体温是 37℃，当人生病时体温会上升，如果超过 42℃，就有死亡的危险。

水银在 365℃ 沸腾，在－38℃（负 38℃，即零下 38℃）冰冻。因此，在非常寒冷的国家里，无法使用水银温度计，有些地方冬天的气温可降到-70℃以下。

在这种情况下，我们不能使用水银温度计，那怎么办呢？我们可像伽利略那样用酒精温度计。酒精的沸点是

78℃，但它的冰点是-114℃。因此，我们使用水银温度计测量高温，用酒精温度计测量低温。今天科学家需要测量很高的温度——超过3000℃，为此，他们不得不制作各种各样的温度计。有的用气体，有的用各种金属，还有的用电，但没有一种是用液体的。

尽管后人为改良温度计做了大量的工作，但伽利略的贡献是不可低估的，他的思想至今对医学护理事业仍大有帮助。

七

哥白尼的巨作《天体运行论》、开普勒耀眼新星的发现，使伽利略深深爱上了天文学。布鲁诺遭焚火刑柱，他为真理而献身的态度和精神，极大地震撼了伽利略的心灵！

1604 年，伽利略人生转变的起点。

1. 快乐的日子

在帕多瓦，伽利略不时地翻看着学校当局发给他继任六年的聘书，心里无比激动。他真切地感受到，痛苦的、羞辱的日子已经过去，帕多瓦接纳了他，帕多瓦大学自由的学术空气，有利于他事业的发展，他在这里授课、做实验的时间是充足的，心情是愉快的。他曾多次对玛丽娜说："我现在是最幸福的人，昔日遭抨击、遭排挤、蒙受耻辱的日子不会再有了，在威尼斯、在帕多瓦大学，科学不再会被扼杀，新思想的传播不会再受阻挠，我可以充分地发挥自己的聪明才智了。 当然， 从今以后， 我也会有更多的时间、有更快乐的心情同你和孩子们在一起。"

每次听了伽利略发出的由衷的感慨， 看到伽利略那种沉醉在幸福之中的样子， 玛丽娜心中有一种说不出的高兴。 这个时候， 她总是紧紧地靠在伽利略身上， 或者把头深深地埋在伽利略的怀里， 像初恋时那样， 喃喃地说:"伽利略， 我爱你， 你就放心地去做你的实验吧， 不用担心孩子们， 我会抚养好他们的……"

伽利略是一个虔诚的天主教教徒， 他认为科学和教义应该是两码事， 自己从事实验， 探索大自然的变化规律， 纠正亚里士多德的一些错误， 完全是为了推动科学的发展， 并不存在丝毫的要否定宗教教义的念头。 为了表达他的虔诚，他经常去教堂做弥撒， 他相信上帝不会抛弃他， 同时， 会赐福于他的。

在一个晴朗的早晨， 伽利略早早就起了床， 他和往常一样来到帕多瓦大教堂。 站在庄严、 肃穆的教堂内， 他从来没有像现在这样专心地欣赏着多纳铁诺替圣安东尼塑造的圣像， 至于这离他站在比萨教堂昏暗中看吊灯的摆动有多久了， 他没有去想。 亚里士多德的真理到底有多少值得肯定，又有多少需要验证， 他没有去想。 他静静地站在那里， 凝视着圣安东尼的圣像， 深深地感受到了天使般的神学家阿奎纳的伟大。 此时此刻， 伽利略沉浸在这伟大神学家临终前的遗言中：

> 为着主，我研究、观察、辛劳、传教，
> 我传达主的教言。
> 我从不曾违背主。
> 我从不曾固执己见。
> 如果固执有不对的事，
> 我愿受神圣罗马天主教堂的审判。
> 我一生都忠心服膺着。

伽利略深深地被这谦虚的言辞所感动，他虔诚地祈祷着，他期望自己也能够像阿奎纳那样有个好的归宿。

在帕多瓦大学的校园里，伽利略的名声越来越大，议论他的人越来越多。学生们热衷于倾听他关于数学、物理及天文学的见解，争先恐后地和他谈论有启发性的问题。

伽利略依据科学方法讲解的《军事攻防法规》，很受来帕多瓦大学受训的年轻贵族们的欢迎，当时，这些来听课的人都来自意大利各省，也有的从欧洲其他地区远道而来。他们来学习的目的，是为了获得有关军事攻击、防守等方面的知识，以便将来能用这些知识保卫自己的国土。

面对着这些将军、贵族的儿孙，伽利略不禁感慨道："为什么人们要如此着急学习毁灭其敌人的方法，而不热衷于学习他所发现的能为贫苦农民增加粮食的农田灌溉法呢？"他无法预见，在他发明或即将发明的仪器里面，是否有可能成为某些统治者最有用的武器，但他确实希望，人类能和平安宁，穷人能丰衣足食，国家能兴旺发达。

请伽利略做家教的学生每月均有增加，很多学生甚至跟他同住，他不但是他们的老师，也是他们的朋友。伽利略更喜欢与那些奋发向上的学生相处，他虽然没有离开过意大利，但有机会和来自法国、德国、瑞典等国的青年建立深厚的交情。属于天主教派的帕多瓦，有浓厚的学术空气，各种新思想自由传播。即使那些持反对意见的路德派系的教授也欢迎伽利略讲学，伽利略本人也以宽大为怀，从不分什么天主教或基督教。

当时，有些来自远方的青年不会讲意大利语，伽利略和他们在一起时，常常使用拉丁语或其他方言谈话，伽利略也善于抓住这些机会，鼓励国外学生讲一些他们本土的教育、政治及风土人情等，学生们总是对这些增长知识与见闻的言谈记忆犹新。很多学生在离开之后，仍保持着与伽利略的通信联系，或者是介绍别后的情况，或者是继续讨论他们的研究工作。当然有些家世显赫或者与权贵有接触的学生，也常常想方设法帮助老师解决难题。

学生时代的伽利略，已深深地体会到贫寒的滋味，现在作为帕多瓦大学的著名教授，他对贫寒上进的学生总是尽力帮助。据说，在帕多瓦大学发生了这样一件事：三个学生同住一室，奇怪的是，他们总是轮流上课。学校当局后来终于查明了他们不能同时上课的原因：三个人共有一件学生袍，不得不轮流外出。伽利略听说这件事，心情久久不能平静，他很快向他们伸出了援助之手。

　　由于他的博学、热心与和蔼，伽利略在帕多瓦和威尼斯结交了很多朋友，其中一位结交较早的入室弟子叫卡勒里。卡勒里可以作为当时权贵人物的代表，他不仅闻名于学术界，与许多大学问家是朋友，而且他自己也极其喜欢读书、思考、研究。他从帕多瓦大学结业后，就开始收集稀有的书籍文献，他本人的藏书已达 8 万卷之多。他平时交往的人多是王子、主教、艺术家和作家，大学教授们也时常携带少数颇具才华的学生前往做客，伽利略也是卡勒里家里的常客。他们常常欢聚在一起，高谈论阔，有时在辩论过久、过激之余，卡勒里会取出他的七弦琴，伽利略则拿出琵琶伴奏以缓和气氛，使宾客们十分高兴。

　　卡勒里有很出色的欧洲科学家朋友，其中有一位是被人们尊称为"数学哲人"的泰柯·卜拉。伽利略很想和他讨论几个数学上的疑难问题。卡勒里便写信把伽利略介绍给这位丹麦籍的科学家，伽利略的求教函竟然被这位孤傲的老人积压了 8 年之久，直到卜拉去世的那一年，他才终于发现伽利略是位了不起的天才。

　　卜拉去世后，接替他的职位的是一位年轻的德国天文学家，名叫开普勒。开普勒的第一本著作《神秘天地学》问世时，曾送给伽利略一本，伽利略看后，就给这位年轻的、尚名不见经传的天才学者写了一封由衷的赞扬信，他们从此成了挚友。

　　在帕多瓦大学，伽利略继续从事着研究、写作和授课等工作。同时，也埋头于他的小工作台，做着各种各样的小发明，其中有一种是用两支金属分划尺相互交叉钉接起来的、可以依照分划调整两尺的角度、能够用来放大地图和其他绘图的机械绘图仪器，由于销路很广，常给伽利略带来一笔可观的收入，伽利略的声誉也随之越来越大。

　　伽利略在执教期间，偶尔发现一本被人遗忘的、由一位没有显赫地位的德国修士——哥白尼写的书。伽利略从中看出，作者是将整个生命都投入了天文学研究，书中有许多惊人的新见解、新理论。伽利略发现这位不同寻常的科学家也曾在帕多瓦大学读过书，就从大学的档案中找到了哥白尼的名字，了解到哥白尼是一个世纪以前的学生。从此，伽利略对哥白尼产生了浓厚的兴趣，尤其推崇哥白尼所提出的一系列天文学理论。

2. 奇异的发现

1604 年 9 月， 天文学家开普勒在"大蛇星座" 旁边发现了一颗特别明亮的星， 这就是他成年累月研究天象的结果，开普勒就用自己的名字命名了这颗星。 为了让人们记住这一奇异的发现， 伽利略以他的朋友开普勒发现的这颗星为题目作了三次演讲， 听众异常踊跃。 第一次演讲时， 室内挤得水泄不通； 第二次换了一个能容纳千人的大厅， 还是容纳不下； 第三次便在野外空场上发表演说， 场面极为热烈、 感人。

伽利略对于他的听众也是毫不客气的， 他批评他们只晓得对于新奇事物表现出极大的兴趣， 而对于固定的恒星以及其他自然界重要的真理却丝毫不在乎。 他启发人们要留心自然界的一切奥秘。

伽利略的话很多， 大部分是反驳从前的理论。 世人都相信世界是被"创造" 出来的， 星辰的数目绝不会有所变动，因为《圣经》 或亚里士多德的学说中分明是这样说的： 天体是完全不变的， 宇宙里面绝不会有新星的位置。 伽利略却说："这实在是一种极大的错误， 例如， 现在这个星， 也正和别的星一样， 但在不久以前， 它并不是星， 或许将来它又会消失。 这能说天体是不变的吗？ 实在是太值得我们去考虑了！　自然界没有任何一件东西能够保持永久不变，　你们应当趁这个机会忘记亚里士多德和从前古人的谬论，　转而注意现在。"

可以想象得出，　当时一些维护传统思想的学者听了伽利略的话是多么不高兴，　可是没有别的办法，　因为那颗星确确实实是新出现的事物。

伽利略接着又说："好吧，　假如你们愿意听下去的话，我可以将自然界的真理今天都传播出来。"

他所传播的不是别的，　正是哥白尼的理论，　有些学者异常愤怒，　他们实在不明白伽利略为何如此大胆，　难道他想推翻现在这个世界的地位吗？　他竟敢说地球不是宇宙的中心，而不过好像只是围绕着太阳转动的一点微尘，　真是太岂有此理了！

这颗新星出现以后，　伽利略对哥白尼的理论更是念念不忘，　他下决心要在今后的研究中尽力地证实它。

产生这种想法之后，　伽利略便积极投身于天文学的研究。　那时还没有望远镜，　他只能靠肉眼去观察天体现象。在反复观测的同时，　他把自己深埋于藏书丰富的图书馆中，通过研读，　他对哥白尼的理论有了更深的理解，　他写信给天文学家开普勒说："我已经改变我的信仰，　我开始相信哥白尼的学说。　用他的理论可以解释很多的现象，　这些现象绝不是其他假设能解释的。"

3. 布鲁诺之死

布鲁诺和伽利略一样， 是一个好动的人。 伽利略出生的时候， 他已 16 岁， 是黑衣僧派的僧侣之一。 布鲁诺是一个性情刚烈的人， 因此， 他不久便和别的僧侣合不来。 他对于基督的化体说 （ 圣餐用的饼及酒变成基督的肉与血之说 ）及清洁的观念都有自己的见解， 以致人家要捉拿他。 为了保全自己， 布鲁诺离开了意大利。

布鲁诺先在法国住了许多年， 后来又在英国住了两年，以教授科学为生。 他很早就承认哥白尼对于太阳系的解释，他坚信地球不过是围绕太阳运转的一个行星， 他相信宇宙中还有许多星球为其他星群的中心， 并且颂扬许多被罗马教会所拒绝的科学理论。 罗马教会恨死了他， 并决心要把他送上绞刑架。

最后， 布鲁诺耐不住客居他乡的寂寞， 思乡之情日益强烈， 又回到了意大利。 有一位朋友请他到威尼斯去， 担保他在那里不会有危险， 以为黑衣僧派的僧侣以及罗马教会早已忘记了他， 事实上， 黑衣僧侣和罗马教会对他一点都没有放松。

因此， 当他刚刚踏上威尼斯的地界时， 异端裁判所便把他捉住了， 关在牢里， 然后又把他提到罗马的监狱里， 关了 7 年。 布鲁诺坐牢的这 7 年时间， 正是伽利略初任帕多瓦大学的教授， 开始研究哥白尼学说的时间。

1600 年， 当伽利略继任帕多瓦大学的教授不久， 罗马教会将布鲁诺从监狱里提出来， 定了死罪， 于当年 2 月 17 日将他焚死在罗马广场的火刑柱上。

布鲁诺的科学理论， 伽利略是相信的。 布鲁诺的被捕、坐牢， 伽利略也都知道得很详细。 布鲁诺坚强不屈的态度和甘为真理牺牲的精神， 使伽利略的敬佩之心油然而生， 但布鲁诺的惨死也使伽利略产生了畏惧的念头。

不过这种畏惧， 也只是暂时的， 许多年以后， 伽利略也是不惧一切的。 为了证实哥白尼的理论， 伽利略和亚里士多德派学者及教会进行了顽强的斗争。 为了科学的发展， 伽利略奉献了自己一生的精力， 也蒙受了 300 多年的屈辱。

八

> 受佛罗伦萨宫廷之邀，伽利略衣锦还乡，婚姻宣告破裂；受荷兰人利珀希"神奇镜筒"的启发，伽利略研制出高倍望远镜、显微镜，从此，神秘的宇宙面纱被揭开，微小的细菌、生物被发现。

1. 应邀回故里

1604 年，奇异的新星出现以后，伽利略的名声继续上升，来听他讲解奇异的宇宙现象的听众，不仅有帕多瓦大学的学生，还有许多来帕多瓦访问的名流，他们常常把课堂挤得水泄不通。

伽利略发明的绘图仪也很受欢迎，特别在军队中的运用极为广泛。由于绘图仪的使用需要一些几何方面的知识，因此来请教他的人数不胜数。一些贵族青年也对伽利略的发明极感兴趣，纷纷来帕多瓦学习这种"奇异的两脚规"，有的回到宫廷之后，还在宫廷数学师的指导下继续学习。

在伽利略的学生中有一位贵族青年尼可洛，他是佛罗伦萨多斯卡尼王宫御前大臣的儿子。他回去以后，在他父亲面前极力称赞伽利略是一个极为友善、演讲流利、善于创造奇妙仪器的发明家。他对父亲说："伽利略老师不仅在帕多瓦、威尼斯是知识渊博的、有名望的学者，就是在外国，他的名声也是很大的，正是由于他的名声，吸引了很多来自法国、德国等地的青年听众。说来也真奇怪，这样有名望的学者在他的家乡佛罗伦萨怎么会一点地位也没有呢？我们佛罗伦萨以及整个多斯卡尼省真应该为有这样一位子弟而感到荣耀。"

尼可洛的父亲很赞成儿子的见解，很快就把这些情况介绍给了大公爵的夫人，克丽丝汀夫人听了以后，对此也很惊奇，于是便吩咐宫廷大臣立即通知伽利略说：佛罗伦萨宫廷对他的发明极感兴趣，想请他在休假期间能来公爵避暑行宫一谈，同时也可教导王子柯西莫使用该仪器的具体方法。

伽利略接到大公爵夫人的邀请函后，心里非常激动，他一遍又一遍地读着，忘记了自己正在发作的关节炎的疼痛，忘记了周围大人、孩子的嘈杂。一种积聚多年的思乡病此时此刻终于爆发了，他开始急切地思念离别多年的佛罗伦萨城，恨不得马上就回到她的怀抱中去。

在伽利略的心中，时刻记挂着父亲当年的告诫，记得在一个明月皎洁的夜晚，自己的小发明刚刚完成，便来到父亲的羊毛织物店中帮他收拾东西，父亲兴致很高地谈着他的小发明，又提及达·芬奇，斥责他名声虽大，却远离故土佛罗伦萨，客死他乡，未能叶落归根，终生遗憾。虽说这只是父亲的一种传统观念，但在伽利略的心里却烙上了深深的一道，他不觉联想到自己的处境。

伽利略自忖，我现在四十岁出头，虽说身材略显臃肿，两鬓须发逐渐灰白，但还算年轻，前途还光明，应该像先贤那样，凯旋故里，造福乡梓。可爱的多斯卡尼省出生过不少的军人、政治家、艺术家和医生，他们为家乡争得了很高的荣誉。我如果能在宫廷中谋得一个职位，不仅可以雪我当年奔波于贵族之间寻找工作时遭受的耻辱，而且还可以给我的孩子带来一个封衔。

当然，伽利略想回到佛罗伦萨还有另外的原因，他在帕多瓦已拥有了很多荣誉，如果能进入宫廷，职位必定会更加荣耀，就像卜拉一样是皇家的数学师。如果在那里，我可以不必讲演授课，就会有很多的时间搞自己的研究。

伽利略想着这些，心里有一种说不出的快意。他立刻决定接受大公爵夫人的邀请，并期待着这能够成为他获得王宫固定职位的前奏。

暑假很快就来到了，伽利略急匆匆整理好自己的教案和研究成果，打好自己的行装，并给玛丽娜留下足够的维持家用的款项，告别了家人，告别了朋友，告别了帕多瓦大学，踏上了回佛罗伦萨的归途。

伽利略衣锦还乡，没有偕玛丽娜同行，这并不是归乡情切的疏漏，而是另有他因。伽利略和玛丽娜虽已有了三个孩子，但至今没有正式结婚，在帕多瓦，无人非议他们之间的关系，但在佛罗伦萨的多斯卡尼王宫，人们远没有那么开放，不是正式的妻子是不能被接受的。

洗去路途的劳累，远离热情欢迎的人群，伽利略漫步在佛罗伦萨的大街上，在他的眼里，如今的佛罗伦萨城比往日号称百合花城的时代更为美丽了，拐进弯曲狭长的巷道中，映入眼帘的一景一物都十分亲切。不由得来到了大教堂旁，伽利略进去做了简短的祈祷，洗礼楼房的大门开着，米开朗琪罗称它美得像天堂的门；宝塔高矗在铁狮子旁，塔顶的百合飘荡在仲夏的天空；圣马科修道院墙上的壁画栩栩如生，格外感人。他走到监狱门前停住脚步，回忆着100年前萨佛拉罗拉在此殉道的情景，他寻思难道萨佛拉罗拉仅仅因为反对佛罗伦萨、反对上帝，相信他所认定的真理就应该受到这样无情的处罚吗？

离开监狱，伽利略来到横跨阿诺河的明德桥上，看着缓缓流过的阿诺河水，又想起了那个叛逆的修士萨佛拉罗拉。不知因为什么缘故，脑子里又涌现出布鲁诺被罗马教会烧死在火刑柱上的情景。伽利略读过且深思过布鲁诺的著作，敬佩他如此强烈而又大无畏地捍卫真理的精神。

　　伽利略伫立在阿诺河的大桥上，大地笼罩在仲夏的夕阳里。他在凝思中，一阵战栗突然而来，他回忆起当年反叛比萨大学校长的情形，他突然觉得那位强烈压抑任何有创新思想的固执而强硬的老人，似乎有他自己的道理。布鲁诺接受了虔诚教徒哥白尼的教言，除了叛国罪名、流亡生涯、牢狱之苦及火刑大难之外，他又从中得到了什么呢？伽利略自问道："一个人该不该钟爱真理呢？该不该为了一种理想与信念而将生命付诸烈焰且在所不惜呢？如果我自己也因此而遭到毒刑拷打，我有勇气接受吗？我会像布鲁诺那样充满英雄气概吗？"

　　沐浴在黄昏的夕阳里，伽利略思虑万千，心绪难平。

　　天黑之后，他才回到家里，慈祥的老母拖着年迈的步履已费了一整天的工夫为多年未见的儿子备办饮食。母亲以生气又饱含疼爱的口气埋怨儿子回来太晚了，她反反复复地对伽利略说，她花了一大笔钱买回了小山羊肉，费了不少时间去烤，可能烤得焦了一点，希望儿子能多吃点。伽利略为了让母亲高兴，把眼前的盘子堆得满满的，母亲也接二连三给他夹菜，可他心事重重，根本没有品出菜肴的味道来。母亲在不停地唠叨着：橄榄油的价格又涨了，米盖和女儿实在不孝……伽利略心不在焉地听着，回答着。

　　看到伽利略漫不经心的样子，母亲显然生气了。她一边收拾着餐桌，一边压不住怒气轻声地斥责伽利略："你现在有出息了， 有你自己的朋友了， 又要去大公爵的避暑行宫做客， 确实高贵得连妈妈的话也不要听了！ 也许你压根儿就不想再回到这个贫寒之家来。"

伽利略连忙道歉。 他心里想， 如果他告诉妈妈， 他现在正迷惘着布鲁诺的命运， 正在考虑着真理、 命运、 献身、 酷刑这一系列可怕的字眼， 对此， 年迈的妈妈又会是何种反应呢?

第二天， 伽利略就来到了大公爵的避暑行宫， 在这里度过了六个星期的愉快时光。 这里空气清新， 生活舒适， 十分有益于他的健康， 在这一段时间里， 曾经反复折磨过他的关节炎也不曾发作过。

伽利略这次被邀请来的任务， 主要是给年轻的柯西莫王子做暑期补习， 他发现年仅 15 岁的王子， 虽然说不上聪慧、 敏捷， 但也十分可爱。 当伽利略向他讲述有关意大利、 佛罗伦萨及其他国家的古代科学家、 哲学家及艺术家的故事时， 他常常沉醉。 他们很快就交上了朋友， 建立了深厚的友谊。 有一天， 当伽利略刚给王子辅导完功课时， 王子柯西莫趴到伽利略的耳朵边， 郑重其事地对他说:"等我长大了， 统治多斯卡尼时， 我一定聘你做我的宫廷数学师。"伽利略听后十分感动。

暑期很快过去了， 当伽利略离开王宫回帕多瓦时， 王子还没有学会使用绘图仪的方法， 他们约定等下一次伽利略来王宫时，再继续教他学习。

2. 动荡的家庭

自从伽利略接受邀请，利用暑假回佛罗伦萨王宫为王子授课以后，大公爵时常赠一些礼物给伽利略，可伽利略所期望的并不是礼物，而是一纸永久性的聘书，使他能很荣耀地定居在佛罗伦萨的故土上。此后，伽利略也陆续地去过几次佛罗伦萨王宫，每次都受到了极好的款待。王宫的官员曾经告诉他，眼下大公爵正在忙着替儿子安排婚事，只要等他稍有空闲，就绝不会让像伽利略这样出色的学者客居他乡的。听了这些话，伽利略感到由衷的高兴。可他期待的聘书还是迟迟不来，大公爵对此并没有任何的表示。伽利略心想：现在不回佛罗伦萨，将来也许会得到更显赫的职位。

回佛罗伦萨定居的梦想还未成真，伽利略的家却出现了麻烦。他和玛丽娜的同居生活逐渐失去了稳定性，一方面，由于三个孩子已逐渐长大，维系他们同居的纽带已开始变得松弛；另一方面，他多次往返于佛罗伦萨与帕多瓦之间，忙于应酬与达官显贵、学者名流的来来往往，越来越多地冷落了玛丽娜，她感到孤寂难耐。尤其是伽利略那种强烈的思归念头及行动更使玛丽娜觉得心灰意冷。她心里很清楚，一旦伽利略做了佛罗伦萨王宫的数学师，就意味着他们的永久性离别，她不得不在帕多瓦孤独度日，消磨时光。

想当年，玛丽娜作为威尼斯的一代美人跟随伽利略来到帕多瓦，虽然这位年轻的教授负债累累，而且在大学圈子里的地位也不很稳固，但他们有热情似火的恋情，和他在一起，她有极强的安全感与幸福感。可现在，经过近 20 年的相依为命，玛丽娜觉得她才真正地了解了伽利略，她痛苦地觉察到，伽利略更爱的是科学、是他的事业，而不是她自己。玛丽娜虽然没有读过书，但凭自己的直觉，她预感到伽利略会有更大的成就，而成就越大，他就会离她越远。玛丽娜再也找不到当年的安全感了，她心里清楚，即使现在与伽利略履行了结婚手续，她也无法拴住他那颗不安分的心。她不得不承认："我已经习惯了在帕多瓦的身份地位，他又绝不会以妻子的身份带我去宫廷。我马上就要进入年老色衰的境况了，万一他弃我而去，我该怎么办呢？"

玛丽娜经过苦苦的思索与权衡之后，终于下决心离开伽利略，慷慨地答应了与她同年的威尼斯男子巴鲁兹的求婚。

一个星期天，伽利略从教堂做完弥撒回来，玛丽娜把他叫进安静的卧室，郑重其事地对他说："昨天我已答应了巴鲁兹的求婚。"

玛丽娜的话使伽利略感到诧异，他忍住怒气质问道："那我们的孩子怎么办，你为他们考虑过了吗？"

"我们可以把佛琴和丽薇送到修道院住宿，再过一两年便可替她们安排婚姻大事了。 如果她们内心感觉到， 上帝召唤她们去做教会工作， 她们可以去当修女。” 玛丽娜早已有所准备地说道。

“那么文新呢？”

“他还小， 需要我好好照料他。 他未来的继父已答应要好好待他。 当然， 只要你有时间， 他也会常常去看你的。 不过，” 她很快又加上了这句话，“你定期要寄来抚养费。”

“那是当然的。” 伽利略的回答也很干脆。 话虽然说得很轻松， 可内心还是舍不得与可爱的孩子们分开。 玛丽娜的口气也使他觉得没有任何挽回的希望了。

家庭的破裂对伽利略来说似乎不算太大的打击。 此后， 儿子文新随母亲和继父住到了威尼斯， 两个女儿进了修道院， 伽利略重新回到他的研究天地里， 更为专心地投入到他的教学与科研工作中去了。

3. 望远镜——探索宇宙奥秘的信使

1609 年的一天， 伽利略收到一位荷兰朋友的来信， 获悉一条令人惊异、 振奋的大好消息。

早在几个月前， 米德堡的一个光学技师利珀希， 曾参与了一桩天文学界有史以来最伟大的发明， 当他正在专心打磨镜片之际， 突然听到相邻工作室的一个学徒坐在窗台上发出了十分惊奇的喊声。

"发生了什么事情？" 利珀希听到叫声后有点不高兴地问道。

那孩子激动地嗫嚅着说："师傅， 我刚刚正在遵循您的吩咐打磨这些镜片， 可是……你不知道， 我……"

"这就是你刚才像一个粗人那样尖叫的理由吗？" 利珀希蹙眉追问。

"可是， 师傅， 当我把两个镜片对着光， 要检查它们是不是擦光得合乎您的要求时， 我看到——您绝不会相信我从镜片中望过去看到了什么！ 可这确实是真的。"

"你如果再把这些镜片混在一起， 小心我送你一顿鞭子！你这个说谎的小无赖！" 脾气粗暴的师傅说过后， 转身就走开了。

小徒弟虽说很害怕， 但还是鼓足勇气， 极坚定地走到工作台， 继续说道："师傅， 请您不要生气， 我敢手按《圣经》 发誓， 我刚才从窗户看出去， 看到了那座矗立在广场上的钟楼。"

"除了瞎子外， 谁都能看得见。" 师傅仍然没好气地说。

小徒弟又说："我看到的东西是上下颠倒的。 我还看到两只颧鸟站在市政府烟囱附近的窗里。"

"你是不是偷喝了我们的松子酒， 竟敢如此不诚实地说这样的梦话。"

师傅伸手从墙根取出根木棍就要抡打，小徒弟急忙躲向一边。

"师傅，您亲自看一下，这些镜片把那些东西拉得好近啊！看得很清楚，如果我说谎，会不得好死的。"小徒弟恳求道。

"不管你是喝醉了还是在说谎，就让我亲自看一下吧。"利珀希边说边走近那孩子，把徒弟手中的两个镜片接过来。经过长久的观望，这位光学技师将镜片仔细地固定在窗沿前的木板上，然后再把它收拾好放在自己工作服的衣袋里，双手不停地揉擦着眼睛。

利珀希喃喃低语道："假若这是巫术，为什么我们两人都能同时着迷呢？你暂时不要向任何人说起这件事，听到了吗？保持肃静，让我来把这件东西仔细地研究一下，看看到底是怎么回事。"

这位技师心中忖度着，当我把这两个镜片的距离拿近时，看到的房子不但离得近了，而且把平时肉眼只能看到一小点的颧鸟放大了。虽说那只鸟站立的方向是颠倒的，却看得十分清楚。利珀希再次从口袋里拿出镜片反反复复地看。

"原来一片是凸透镜，一片是凹透镜。我再换两片镜片，一片凸透镜，一片凹透镜，用同样的方法试试看。"利珀希恍然大悟地说道。

利珀希和徒弟两人轮流从镜片中观看，他们都很激动，都看到了鹳鸟，也看到了塔顶上更细小的风向标。利珀希高兴地握住满脸愕然的徒弟的双手，告诉他放他半天假，并给他一点钱，让他到附近的村镇上开心地玩玩。

利珀希在徒弟走后的几小时里完成了镜筒装制，筒管的两端装一镜片，并把它安装在工作室的窗户上吸引顾客，顾客们都称它是"神奇镜筒"。

朋友的信中还写道："昨天我在河边散步时巧遇利珀希，对面河岸上有个漂亮姑娘，我透过他的镜片确实看到了她，她的脸庞就像近在咫尺那么逼真。

"我惊讶得叫喊了起来，我认为可以摸到她，于是就伸出手去。当时我差点掉进了河里。利珀希禁不住笑了，因为那个姑娘还在对面的河岸上。

"眼下，这种镜片，他还没有第二块，因此也无法替你买一块。"

伽利略把信从头到尾一字不漏地又读了一遍，接着从椅子上跳了起来，大声嚷道："我也要做一个那样的镜片。我要做一个更好的，不仅能看姑娘的脸，而且要看月亮和星星的面貌，要看天空中的一切奇观。"

伽利略立即开始工作，用不着利珀希的镜片，光这封信已足以启发他了。他找来一根空管子，磨了一片凹透镜和一片凸透镜，嵌在管子的两头，一个小透镜便做成了，取名叫 telescope（即望远镜，希腊语中 tele 的意思是"远"，scope 的意思是"看"）。他拿起一看，可以把原来的物体放大三倍。伽利略并没有满足于此，而是进一步改进，又做了第二个，可放大物体 60 倍以上。做第三个望远镜时，伽利略在原来两个镜片的基础上，又增加了第三个镜片，这样镜中所见物体就不再倒立了。

1609 年 8 月 21 日，经过几次改进以后，伽利略终于准备把历史上的第一架按照科学原理制造出来的望远镜公开展出。他攀上了威尼斯钟楼的楼顶，身后站着一大群他的朋友和钦佩他的人。然后，他让他们一个一个地透过他的"魔术放大镜"往外看去。他们大吃一惊，因为他们所看到的"正向这里驶来的帆船……是那么遥远，以至要等两个小时之后他们才能用肉眼看得到"。他们看到了"许多港口中的来往船只，远方山坡上吃草的羊群，远方城镇中的教民们在教堂中进进出出"。接着，在一天夜里，他们又拿望远镜去观天，看到了"遥远的星宿如在眼前"。

向伽利略购买望远镜的订单源源不断，使他应接不暇。他把这一科学奇物送给了威尼斯公爵，这样一来，公爵也十分慷慨地聘任伽利略为帕多瓦大学的终身教授，薪金加到 700 元一年。

伽利略还在不断地改造着他的望远镜，而且一次比一次精良，最后，他的望远镜能把物体放大千倍。

伽利略获得了极高的赞誉，而他却十分谦虚地对朋友说："我对上帝致以最虔诚的谢意，它让我成为第一个神奇事物的观察人。"

伽利略第一次听到利珀希发明的"神奇镜筒"的事情时，就萌发了制造望远镜的强烈愿望，可他并不希望他的创造仅仅服务于军事，并不局限于仅仅看到远方的船只及军队，而是想以此来观测天象，他鼓励自己说："除了观看远处的船只以外，我为什么不可以将这些镜片转向一望无际的天空呢？"经过无数次的测算与实验，他终于制作出最强力的镜片，为人们研究天空、开发天文世界打开了方便之门。

4. 显微镜——描绘细菌世界的高手

伽利略研制的望远镜使他能清晰地看到遥远的物体，这些物体可以是地面上的，也可以是宇宙间的，这对伽利略的科学研究大有帮助。但他并不因此满足，他还要研究近处的物体，尤其是很近很近、很小很小的东西。于是，他认真地检查了各种类型镜片的曲率以及它们彼此的各种组合，用准确的数学公式来测算出不同曲率和不同组合所引起的视觉上的效果。他以此为根据，制作了另一种镜片，专门用来观看近处的微小事物，并命名为 microscope（显微镜，在希腊语里，　micro 的意思是"微小"，　scope 的意思是"看"）。
不过，　在伽利略所处的时代，　显微镜还仅仅是个有趣的玩
具，　人们并未意识到它的巨大价值。　伽利略曾经给德国的王
子送去了一架，　直到今天我们仍然可以读到他为此而写的一
封信函：

"谨寄上一块特殊的镜片，　当您观察极其微小的物体时
使用此镜片，　只是要让强烈的光线照射到被观察的物体上。
由于有了这块镜片，　我们就可以回答许多不可思议的问题，
例如：　苍蝇是怎样从窗户往上爬的？　为什么它不会掉下
来？　如果您想了解这一切的话，　请用这块镜片来观察苍蝇
的脚。

"如果您看不清楚，　就把镜片上下移动，　当镜片处在合
适的位置时，　物体就会显得非常清楚。"

直到 19 世纪初期，　法国科学家路易·巴斯德在动物和人
体疾病研究中创立细菌学说开始，　人们才注意到微生物的研
究。　也只有从这个时候起，　伽利略所发明的显微镜才告别了
玩具时代，　真正开始发挥其应有的作用。　人们利用它来描绘
微生物的世界，　分析各种细菌的活动规律，　有力地推动了科
学事业的发展。

今天，　每一位科学家尤其是医学家，　他们所从事的每一
项研究都离不开显微镜。　如果人生病了，　医生常常能通过显
微镜在病人的血液中找出病因，　通过掌握细菌的活动情况来

寻找有效的治疗对策。 事实证明， 伽利略的"奇特玩具"
每年每日每时都在为拯救人类的生命而尽力。

九

1610 年，科学的曙光照亮大地，这曙
光来自帕多瓦大学的一间小屋，伽利略利用
望远镜观察到并计算出：
太阳静止不动，
月球在旋转。

1. 月球在旋转

伽利略的高倍望远镜研制成功以后，他就把注意力集中
到了茫茫的宇宙。这以后，几乎每天晚上他都把自己制作的
望远镜对准天空，从事着星辰的研究，探索着宇宙的奥秘。
浩瀚壮观的天空让他惊愕不已，回到研究室后，他曾记下了
自己观察天空之后所得到的启示："这银河是一大团数不清的
星辰团聚在一起，不管你将望远镜朝向哪一部分，一路上全
是星星，有许多极大、极亮，但那些细小的就无法分辨得
很清楚。"

银河到底是由什么组成的，早先的科学家都说不清楚，

伽利略的望远镜提供了准确的答案： 银河是由千千万万颗小星星组成的。

后来， 伽利略激动地写道："我已决心要描画整个猎户星座， 但它的数量和需要的时间大得惊人！"

伽利略太振奋了， 他将眼前的纸、 笔摊开， 手靠在桌上支撑着脑袋， 静静地沉思、 默想。

"我会有足够的时间来记录这苍穹无尽的奇景中极其细微的一部分吗？" 伽利略自言自语地说。 他突然觉得自己不应该再把宝贵的时间浪费在音乐会上， 他要把琵琶和乐谱束之高阁， 如果可能的话， 他不再接受任何目的的拜访。 从此以后， 伽利略见缝插针地利用着分分秒秒的时间， 有时连准备授课的时间也没有了， 甚至连吃饭的时间也觉得挤不出来。

1609 年秋天， 一个天高气爽、 皎月当空的夜晚， 伽利略爬上观察实验室， 把他最新制作的高倍望远镜对准目标。 这时， 他惊奇得说不出话来， 一轮明月高挂天空， 那么明亮， 那么静谧， 仿佛在祝福他这位忘却一切的入迷者。 伽利略突然想起曾经读过的一则奥维德写的神话， 说起艾克代如何偷窥月亮女神戴安娜因而被处以死刑。 他用手将红色的长发向后抹起， 双目直向天空望去。 此刻的伽利略就像他的荷兰朋友一样， 真想伸手去摸一摸月亮。

伽利略一直认为， 月亮是一个光滑的天体， 它自身发光。现在通过望远镜观察，他发现月亮的曲线竟像远望的山脉一样不平整。

这位天文学家不知道自己伫立了多久，他完全沉浸在惊奇中，一位侍者带着一件披风爬上楼来，以防伽利略午夜在露天中站立受凉，引发他的老毛病关节炎。伽利略竟大声斥责侍者干扰了他的工作，吓得侍者急忙退回。伽利略回到书房后，按捺住激动的心情，记录了他所看到的东西："我敢肯定，月亮表面不平滑，也不是像很多哲学家想象的和其他星球一样的完全圆球形。相反，它的表层起伏不平，充满了沟壑峰脊，如同地球上的高山深谷一样。"

一夜接着一夜，伽利略用望远镜仔细地观察着月亮，寒冷和关节炎的发作都无法使他放弃工作。他把看到的现象和地球作比较，开始相信月亮上真的有山脉，而且看起来比地球上的更高，更参差不齐。他观察月亮表面的亮点和暗点，发现月亮在天空中越升越高的时候，亮点和暗点有变动，这种变动使他模糊地联想起某些熟悉的事物。

对了，在太阳的照射下，山峰和山谷上所形成的影子是这样的。太阳升起的时候，山顶上首先照到阳光，然后是山腰，这时候，山的那一面和山谷仍然在阴影中；中午的时候，山谷照到了阳光；下午，太阳照到山的另一面，山谷再一次变成阴影。

伽利略心里一亮，难道月亮和地球一样，它的光也是从太阳那里借来的吗？ 但是， 几乎所有的天文学家都说， 月亮是个完善的球体， 是自身发光的呀！

他再一次把望远镜对准月亮， 要集中力量找出这发光的原因。 他通过望远镜观察月亮背向太阳的那部分。 他认为， 如果他的想法是对的， 那么， 这部分应该完全是黑的。 但是， 它有一圈很暗淡的光， 好像另外还有一个不太亮的天体， 把光照到月亮的这一面。 这可能吗？ 可能。通过观察和计算他得出这样一个结论： 就像月亮把从太阳那里得到的光反射给地球一样， 地球也把太阳光反射给月亮。地球和月亮自身都不会发光， 它们只能反射太阳的光。 尽管这个答案大多数天文学家不同意， 但伽利略坚信， 他的想法是对的。

伽利略不仅全身心地研究月亮上的光源， 还研究月球上的山峰， 计算它的高度。 事实证明， 从没有一位天文学家——即使拥有现代最先进的望远镜——能对他所测得的数字产生怀疑。

2. 木星有四个卫星

伽利略的月球新发现， 极大地震惊了帕多瓦大学的亚里士多德派教授们， 他们认为伽利略是在说谎， 是在用望远镜骗人， 原因是， 伽利略所见到的和亚里士多德所说的不同。

伽利略完全不去考虑别人怎么说，仍旧埋头于他的研究中，几个月之后，他已成了一个观看望远镜的专家，他对于自己所见的，都十分确信。但在 1610 年 1 月 8 日晚上，他继续观察木星时，便又觉得没有把握了。因为前一天晚上，当他把望远镜移开月球对准木星时，发现木星附近有三个较小的星球，虽然很小，却像三个小月亮一样十分明亮，而且是一个在西边，两个在东边。可是今天晚上观察到的却是另外一种情况，他发现三个小星球都在木星的西边，这实在是太奇怪了！伽利略的心里非常不安，难道是望远镜在与他开玩笑吗？

他在研究记录中写道："木星怎么可能一天在前述诸恒星之东，而前一天却在其中两星之西呢？因此，我担心可能是天文学家的计算将这些星球本身的运转差异忽略了。我焦急地等待着第二晚的观测，可惜第二天晚上天空全是乌云。"

1 月 10 日晚上，万里晴空，明月皎洁，伽利略站在望远镜前，静心地观察着木星的位置。木星出来了，这晚的情形如何呢？他只看见两个小星，而且都在东边。1 月 11 日晚上，仍然是两个小星在东边，不过有一个比另一个显得大了点。1 月 12 日夜晚，已经有点疲惫的伽利略突然发现木星的旁边竟出现了第四颗这种移动的星，三个在西边，一个大的在东边。于是，伽利略晓得了他自己的眼睛并没有看错，　既兴奋又疲惫地踱回书房，　想着自己为什么没有能在第一次就注意到这开创新纪元的现象。

"不是星星，　而是月亮！"　伽利略激动得透不过气来，他轻轻地推开窗户，　身体斜倚着将头伸出窗外，　呼吸着早春月夜的新鲜空气。　天空的星斗神秘地闪烁着，　如一盏盏小灯，　忽明忽暗。　午夜时分，　邻近的灯火已经全部熄灭，　到处都是一片宁静，　听到的是一阵阵虫鸣声，　整个帕多瓦都沉浸在甜蜜的睡梦中。

激动的伽利略重复地默念着："不是星星，　而是月亮！它们像月亮绕地球转一样绕着木星转。"

木星的四个小卫星的发现，　确实令伽利略兴奋。　现在伽利略的归纳推理最终落到了哥白尼的学说上，　正如他自己所说的："现在我可以肯定哥白尼是正确的。　那些亚里士多德派的学者却说'月亮'绕木星旋转，　因此，　他们的理由是站不住脚的，　现在我终于能证明他们错了。"

"月亮绕着地球转，　木星的四个卫星绕木星转，　地球、木星和其他行星绕着太阳转。"　伽利略第二天又展开他匆匆写下的记录来读，　发现一部分写得很潦草，　简直无法辨认。他想了想，　又自己笑了起来："其实，　即使是个小孩，　只要他能像文新一样聪明，　也一定会懂的，　因为望远镜不会作假，　就是亚里士多德也要接受我的发现了。"

1610年3月，　伽利略出版了《星际使者》一书，　在书中解释了有关月亮、 行星及恒星的许多事实。 他也阐明了哥白尼的学说， 并为他提出了很多很好的理由。 事实上， 他已相当清楚地表明了哥白尼的学说是正确的， 只是没有公开宣布要去接受它。

"我的论敌肯定要给我制造麻烦。" 伽利略说，"我认为木星每12年绕太阳旋转一周， 如果我能观察木星几年， 我就能更好地证明这一点。"

《星际使者》 一书问世之后， 引起了科学界极大的兴趣， 人们惊讶地说："哥伦布发现了新大陆， 伽利略发现了新宇宙。"

许多一直对哥白尼理论有信心的天文学家， 读过全书后感到喜悦与欣慰。 开普勒听了这个新发现后， 马上写信对伽利略说："这样一桩不可思议的事真把我惊喜得发愣了！ 我真不敢相信， 我们以前的争论会以这种方式来解决……我盼望我马上能有一架望远镜。"

但是， 佛罗伦萨有一个虔诚的牧师， 也是一个天文学家， 他对伽利略的发现并不以为然， 他在教堂里发表这样的讲话："这些木星的卫星， 既然肉眼看不见它， 它们对于地球就没有什么影响， 既然没有什么影响， 因此就没有用处， 既然没有用处， 因此也不存在。"

伽利略听了这些话既觉得可笑， 也觉得难受， 他写信给开普勒说："啊！ 亲爱的开普勒， 我希望我们能在一起痛哭一阵！　在这里的一些哲学家硬不肯用我的望远镜望望，　可你那里一定也听说过比萨大学的教授们在大公爵面前引经据典的辩论吧！　好像念符咒一样，　想把这些新发现的星星吓跑啊！"

后来，　开普勒自己也制造了一架望远镜，　与伽利略的十分相似。　这个时候，　望远镜不再是天文学家的独有宠物了。驻威尼斯的大使们和航海商人把伽利略的成就传遍欧洲各国宫廷，　许多国家的皇室纷纷要求能得到一架望远镜。　奥地利国王鲁道夫急于要得到这种仪器，　受到了代表皇室的大主教的百般阻挠。　在法国，　皇太后玛利亚公开地躺在地上观看天空星斗，　吓坏了一大群宫中妇女。

科隆统治者候选人责怪《星际使者》　一书不完美，　没有记载仪器制造的具体细节。　他建议伽利略与他分享秘密，　并答应给以巨大的报酬，　可伽利略也从自己的亲身经历中感受到国家的君王并不守信。

伽利略很乐于同开普勒通信，　开普勒信中的话更使伽利略终生难忘。　开普勒在信中说，　在仔细研究了伽利略的天文学报告之后，　他觉得这位帕多瓦大学的教授的报告似乎是正确无误的。　天文学界的公认权威开普勒的信温暖了伽利略的心，　也使他更加对自己的研究充满了信心。　然而，　并非所有的人都像开普勒那样相信科学、　忠于真理。

自从伽利略有了望远镜以后，　虽然声誉卓著，　但嘲弄与辱骂的风暴也此起彼伏，一些保守的学者也常常群起而攻之。

一些人满腔怒火地喊道："亚里士多德曾经说过……"

"亚里士多德心里常企图发现新真理。他如果有机会用我的望远镜去观察，他一定会改变观点的。"伽利略不失时机地反驳道。

"汤麦斯·阿奎纳教廷医生说过……你敢否认教廷宣布的真理？"教会人士大声怒吼道。

"我是教会忠实的孩子，"伽利略辩护说，对于那些攻击他不虔诚的人，他会重复巴朗尼主教的话，"圣灵在《圣经》上是教我们如何走向天堂，而不是天空。"

佛罗伦萨有一个贵族名叫西积，他因攻击伽利略而使自己名声大振，他自鸣得意地侃侃而谈："动物的头上有两个鼻孔、两只眼睛、两只耳朵和一张嘴。因此，在天上有两个善良的星、两个不吉祥的星、两个处于领导地位的星和一个好坏无定、默然的水星。大自然里与此雷同的现象多得不胜枚举。我们可以说，行星的数目必定是七个……"

但西积拒绝在伽利略的实验室用望远镜观看，可能就是害怕看见木星的卫星。

另一位意大利有名的哲学家黎百里，也拒绝观看和拒绝相信伽利略的望远镜和天文学理论。在得知他去世的消息后，伽利略风趣地说："我希望黎百里在他走向天堂的路上，可以看到围着木星旋转的四个卫星。"

尽管有时也非常生气，但在大多数情况下，伽利略却能坦然、沉着地应战。1610 年，他曾写信给开普勒说："你为什么不来这里呢？在这里我们可以听到一些蠢人的号叫、狂笑与争辩，好像他们有神奇魔法，能将这几个新星从天空中除去哩！"

伽利略声名日增的消息不断传来，使佛罗伦萨王宫想起他。大公爵生病期间，公爵夫人克丽丝汀央求伽利略替她病中的丈夫绘制天宫图。这种相命术最使伽利略感到头痛，但又无法拒绝。伽利略的计算一向很准确，唯独这回有了例外，他告诉公爵夫人，星象显示公爵可以很快康复，而事实上大公爵不久便去世了。

大公爵死后，他的儿子柯西莫二世继位，做了多斯卡尼的君主。虽然他不再提起孩童时代许下的诺言，邀伽利略做他的王宫数学师，但还是不时地送给伽利略一些贵重的礼物，同时邀他到王宫做客。伽利略把木星和新发现的木星的四个卫星命名为美第奇星群以纪念大公爵。

宫廷大臣温达随即建议伽利略回故乡任职，回到佛罗伦萨以后，他可以得到两个职位：一是比萨大学数学教授，这一职务使伽利略十分欣慰，18 年前他曾被这一学术圣地轻视过、疏忽过，可如今他要荣归故里了；二是担任多斯卡尼宫廷的哲学及数学师，有机会仲裁科学争论事宜。但他的最主要的工作，温达说道："将是继续他的科学调查研究，以增进宫廷和城邦国家光荣的利益。"

伽利略很高兴地把大公爵的邀请和自己的打算告诉了朋友们，他高兴地说："我的薪金今后将足够家庭开销了，这两项工作都不会过度劳累而损害我的健康。我可以把大部分时间安排在实验室中，我要利用一切机会继续我的天文观测与研究。"

在这群伽利略的朋友中，有一位教授听了伽利略的话后，摇头说道："你是说，你还要继续观测和著述？"

"当然啦！我会有很多时间来发明，写机械学和宇宙方面的书。"伽利略回答说。

"伽利略，毫无疑问，我们都认为你是我们这个时代的智能之士，但是，在许多方面，你却像一个纯真的小孩，你应该知道教会中的某些权威之人已经在大声攻击你的著作。在帕多瓦，你已经享用了 18 年的完全自由。我似乎需要提醒你，我们威尼斯的统治者，对罗马的权势无所畏惧，必要时可以挺身而出为你抗拒教会的审判。可在其他地方，情况就不一定如此了。"

"在佛罗伦萨，我可以处在多斯卡尼大公爵的个人保护之下。"伽利略争辩道。

"据我们所知，多斯卡尼在罗马圣父的压制之下。"

伽利略仍固执地说："必要时，我会亲自去罗马解释我的望远镜的新发现。 大主教和圣学院都会成为我的朋友， 我没有理由去害怕教会审判的敌意。"

这时， 另外一位朋友问道："难道你觉得这 18 年在帕多瓦的生活不快乐吗？"

伽利略连忙回答说："不！ 不！ 这是我生命中最快乐的生活。 在此地我享受了真正的自由， 没有自由， 我就不会有今日的成功。 但是我绝对忘不了我父亲提起的达·芬奇客死他乡的事情， 朋友们， 你们都同样爱自己的故乡， 不管它是一个简陋的山谷村庄或者是亚得里亚海的天堂威尼斯。对我来说， 佛罗伦萨是我终生难忘的地方， 我必须不惜一切代价， 回到她的怀抱里去。"

伽利略的固执态度与肺腑之言使他的朋友们默不作声，屋子里十分寂静， 后来一位年长的教授打破了这局面， 他站起来说："伽利略， 我们已经提醒过你， 现在也没有什么可说的了。 你要记住朋友们的劝言。" 他举起酒杯， 高声地说，"朋友们， 我们为能有这样一位同人而高兴、 而自豪，在他将要离开之际， 让我们为这位功名不朽的人物干杯！ 祝愿他继续成功， 生活幸福！"

在大家举杯同饮的时候， 伽利略偏过头去掩饰自己将要流出的眼泪， 他实在太留恋这种场面了， 他觉得再也不会有这么多忠实而富有才华的朋友聚集在他的桌子旁了。

就这样， 伽利略不顾朋友们的劝告， 撕毁了他和帕多瓦大学签订的合同， 满怀希望地走进了柯西莫二世的宫廷。

他万万没有料到， 这是他一生中最愚蠢的一次抉择， 也是他生命历程中的转折点， 从此他走上了一条悲伤苦楚的人生之路。

3. 金星盈亏的现象

1610 年 9 月的一天， 伽利略回到了佛罗伦萨。 阔别了18 年的故土在伽利略的眼中显得格外美丽， 那白杨迎风招展， 那教堂典雅壮观， 似乎比帕多瓦更为迷人。 他看到佛罗伦萨周围馒头般的山包， 一望无际的橄榄园， 黄土路上的大白牛拖车， 徐徐走向市场的羊群……觉得无比亲切、 惬意。

伽利略经过大教堂、 王宫、 店铺、 寺庙……向家里走去， 一路上有看不完的变化， 幼儿时的一幕幕又不时地浮现在眼前： 骡车挤满的小街， 市场上小商小贩的叫卖声， 柳条篮中禽鸟的鸣叫声， 掷骰子人运气不佳的嚷嚷声， 几个乞丐的伸手讨钱声， 孩子们在人群中穿来穿去的嬉笑声， 各种声音交织在一起……伽利略太激动了， 他完全沉浸在一片多斯卡尼的乡音之中。

母亲、 妹妹、 妹夫亲切地欢迎着这位新任的皇家数学师的归来； 两个女儿穿着修道院的制服， 羞怯地、 静静地、却是快乐和满足地上前迎接来修道院探视她们的父亲。

伽利略去比萨大学时，也受到了热烈的欢迎，这使他非常满足。他永远忘不了18年前被比萨大学校方辞退的羞辱。如今，他已经是有名的博学之士，是全意大利有名的科学家之一，也是皇家大公爵的数学师和哲学师了。

在王宫的晚宴上，全体宫廷人员都围绕着他，聆听他讲解最近的宇宙新发现，蒙特主教为答谢伽利略赠予他的望远镜，也回赠了一幅镶有珍珠的图画和一封诚挚的信；耶稣会罗马学院数学家克勒菲神父来信告诉他，学院的许多教授承认木星的周围有卫星存在的事实。尽管如此，伽利略还是警觉到，多斯卡尼宫廷中仍有不少敌视他的人，如大公爵柯西莫二世的叔叔左丹尼，绝不会忘记那桩挖泥机失败和丢脸的事；西积的愚蠢和报复心，像一只发怒的黄蜂，会永无休止地嗡嗡干扰着他；马西米提西大主教也是对美第奇家族最刻薄的一个人，此外还有许多嫉妒他才学的人无不在伺机找他的碴儿……

回到佛罗伦萨，伽利略除了必要的应酬之外，全力筹建布置自己的实验室，很快便投入到他的新宇宙研究工作之中。10月的一个清凉的夜晚，伽利略把望远镜对准了金星，他在观测金星时，又有了不同寻常的发现，金星的光亮时而增长，时而消退，一直使人迷惑不解，如今望远镜告诉他：金星极类似月亮，也不是发光的圆形物体，它像一弯新月， 好多个夜晚才有缓缓的变化， 月牙逐渐变圆， 而整个星体的直径看起来却变小了。 大约三个月后， 他发现金星变得更圆、 更小了， 然后慢慢地亏缺， 直径又大起来。

伽利略很兴奋， 他发现金星和月亮很相似， 月亮盈亏是因为它绕着地球转， 受到太阳光照射的部分不断变化； 金星有盈亏也是接受了太阳光的照射， 我们看到的也是太阳光照射的部分。 但是有一点不同， 月亮的形状发生变化的时候， 它的直径不变， 而金星的大小有变化， 这又怎么解释呢? 他很快找到了答案：月亮以地球为中心环绕成一个圆形， 任何时候我们观看月亮， 它同我们之间的距离都一样。 金星环绕太阳转的轨道在地球和太阳之间， 所以， 当它离地球最近的时候， 我们看到的就是一个又细又长的月亮， 这时候发出的光也最亮； 当它绕到地球对面的一边， 距离我们很远时， 看起来就是一个满圆， 但要显得小一些。

对于金星的新发现， 伽利略不想马上公布于世， 但他又急于让他的同行开普勒知道这一情况。 为了避免有人偷看他的信件， 了解他对金星盈亏消长的描述， 伽利略采用密码的形式写信给开普勒说："这些事情尚未成熟到该发表的时候，而我也还不尽了然。"

开普勒译出的意思却是： "爱之神。 金星， 模仿着女神， 月亮， 一样有盈亏消长。"

直到后来， 伽利略才终于向世人宣布说："金星媲美月亮的盈亏周期。 金星现在到达太阳系行星轨道上的一点， 恰在太阳与地球之间， 仅有部分受光的表面朝向我们。 望远镜中所见为半钩形， 与月亮在类似位置时形象相同。"

对伽利略来说， 发现金星绕太阳转动而且接受太阳的光线， 即足以作为他需要的决定性的证明：宇宙的中心是太阳而非地球。 因为亚里士多德曾经申言： 各行星如环绕着太阳转移， 则金星和火星必会盈亏消长如月亮。 如今， 伽利略利用望远镜， 已经真真切切地看到了这种变化的进行。

4. 太阳黑子

伽利略在观测了银河、 月亮、 木星、 金星之后， 又相继观测了水星， 水星和金星一样有盈亏消长， 绕着太阳旋转。 后来， 他又开始观测土星， 土星给伽利略添了很多麻烦， 他先是观测到土星旁边有两颗大卫星， 他疑惑土星是由两个星合成的， 后来他再观察时两个星不见了， 这使他异常惊奇， 难道是他的望远镜出问题了吗？ 难道真像希腊神话上面所说的， 七星吞食它的女儿？ 如果真是这样， 它一定会再吐出来的。 果然， 后来这两个星再次出现了。 可惜当时伽利略的望远镜还不能使他看出土星是有光圈的， 不过他认为他确实又看见了一件新东西。

有一天， 伽利略突发奇想， 他觉得总不能老是夜间观测天象，何不转移到白天呢？他自言自语道："让我们看看太阳吧，天上许多星体都不是我们所想象的那样，或许太阳也是不同的。"

于是，他选了一个特别好的天气，晴空万里，没有一丝云彩，他把望远镜对准了大火球太阳，经过仔细观察，他发现太阳表面有很多奇异的黑点。"这些黑点缓缓地由东向西横移过太阳表面，"他分析说，"因此，太阳自身一定也在缓慢地旋转。看来，太阳旋转一周需要25天。"

我们现在知道，太阳是由炽热的气体组成的，太阳黑子是气体的风暴。黑点的温度各不相同，所以颜色也不一样。黑子产生的电力可以传到地球，每当电力较强时，就干扰无线电通信，它还会在遥远的北方和南方的天空中形成一种奇异的光芒。

伽利略早已肯定地球绕太阳旋转，太阳黑子也有助于证明这一点。因此，他写了《关于太阳黑子的信札》，并于1613年出版。他写道："太阳是待在原地缓慢地旋转，地球也是缓慢地旋转，但不是待在原地，而是绕着太阳旋转。"

这本书当时在欧洲广为流传，由于书中带有哥白尼日心说的观点，因而遭到了罗马教廷的警告。

十

春天的罗马，一个羊毛商的儿子受到最有名望的学者、大使的接待，得到主教和君主的邀宴共饮，受宠若惊；快乐的时刻，中年的伽利略不忘向达官显贵展示他的新发现，望远镜前，显贵们你争我抢，都想早一刻观赏到宇宙奇景，一饱眼福。

1. 第二次去罗马

用望远镜对准太阳进行观测，并科学地阐释太阳黑子的第一位科学家是伽利略。很显然，伽利略的望远镜和他的许多重大发现，推动了科学的发展，但对亚里士多德错误的一项项抨击，也陡然增加了他的仇敌，尤其是教会的长老，觉得他的学说煽动了普通人的叛逆情绪，实在是一种可怕的行为。因此，他们聚集商议，准备合伙对付伽利略。但这并不是一件容易的事，伽利略现在名声很大，更何况他是一个虔诚的天主教徒！

　　与此同时，亚里士多德派学者对他的攻击也在增加。伽利略觉得自己最好到罗马去一趟，将自己的立场和态度说清楚，以获取他早想得到的罗马教廷的认可，也免得每日提心吊胆。通过往来书信，他已成功地对罗马学院中的一些受人尊敬的学者阐释了哥白尼学说的真实性。现在，时机已经成熟，应该听取克勒菲神父的建议，前往罗马拜见教皇和他的主教们，让他们了解望远镜所发现的一切。这不仅对意大利的天文学者，而且对全欧洲天主教国家的科学家都是大有好处的。

　　当然，这次重要的罗马之行对伽利略来说，还有一层重要的意义，那就是向教会表白他是一个虔诚的天主教徒，有人宣扬说他的发现有违宗教信仰，这使他心里深受伤害。他出身于天主教世家，从小就是天主教的忠实信徒，他从不曾有过追随旦米尼克教派或布鲁诺倡导的反对教会派系的念头。

　　1611年的春天，伽利略离别佛罗伦萨，告别了两个女儿，启程前往永恒之城——罗马，一路上越过成群小山、条条溪水，穿过座座城镇、个个乡村。时年伽利略47岁，虽说已是中年，且患有严重的关节炎，但他披上丝绒斗篷，穿着刺绣的长袍，戴着纯金的项链，仍然显得十分潇洒。伽利略对他唯一的装饰品项链特别珍惜，这是几年以前，当他把新发现的木星的卫星群命名为美第奇星群以纪念去世的大公爵的时候，柯西莫二世送给他的。当时，柯西莫二世还送给他一辆漂亮的马车，供他使用，任他支配。伽利略坐在舒适的马车座椅上，闭着眼睛，任思绪飘来飘去，不知为什么又想起了辛酸的过去：一个破落的贵族世家，一间极不起眼的羊毛商店，一位衣衫褴褛、饥寒交迫的学生……在前往京城的路上，伽利略不止一次地想起了他的父亲，一位含辛茹苦，为了儿子、为了家业而操碎了心的老人。他多么希望注重名誉的父亲能活到今天，目睹他自己的儿子一步步地成为令人瞩目的人物——大公爵的宫廷数学师、意大利著名的科学家、望远镜的天才发明者、太阳黑子奥秘的揭示者……

经过沿途的颠簸与奔波，风尘仆仆的伽利略终于到达了世界上最荣耀的城市——罗马。一踏上罗马的土地，伽利略十分激动，他完全忘却了路途的劳累，沉浸在一片欢乐的、暖融融的气氛之中。春天的罗马，在伽利略眼中确实比威尼斯美，甚至比佛罗伦萨更富丽堂皇，更漂亮壮观。观赏着壮丽的教堂、坚实的桥梁、如画的喷泉，伽利略陶醉了，他只想说，罗马，太美了，伦敦、巴黎、科隆等微不足道的小城市，根本无法与之相比。

在梵蒂冈广场上，伽利略伫立在一个埃及式的尖碑前。这座纪念碑触发了他对古代机械力学的兴趣，碑石是凯撒大帝命人搬来罗马的。

25年前的工程居然能有如此大的功绩：石块重达 2000~

5000 吨，如今屹立在圣彼得大教堂前。伽利略听说过，当这柱碑放落时，工人们先作告解，然后举行两次弥撒，所有罗马的伟大人物和贵族一起跪地祷告。

这一切使伽利略很受感动，也很受启发，工人们为上帝和教堂的光荣而出力，应该受到祝福，我作为一名天主教教徒，现在也应该为它的宇宙和它的子女尽心尽力。

此时此刻，伽利略挺起胸膛，眼内突现光彩，他在心里默默地说：啊！埃及的托勒密，你曾经统治埃及人心像这块石碑一样，无人敢违抗你。但你的辉煌已经成为过去，整个世界即将接受哥白尼、开普勒和伽利略的新宇宙学说了。他深信托勒密的理论很快就会被人遗忘的，但他怎么也没有想到，在这以后的岁月中，在这美丽的罗马城中，他自己却遭受到了羞辱和痛苦。

不过，这第二次访问罗马，也确实使伽利略品尝到了成功者的优越感，他不止一次地追问自己：这是真的吗？一个羊毛商的儿子，竟然受到最有名望的学者与大使的接待，竟然和主教、君主同饮同乐。

耶稣会罗马学院的天文学者对伽利略的来访表示了最热烈的欢迎。他们带伽利略参观了学院布置的有精美窗户的大型图书室和很多设备，在学院组织了伽利略望远镜演示会，身穿黑袍的教士们和科学家一起利用伽利略的望远镜轮流观看宇宙奇景，他们对伽利略奇妙的发现表示由衷的佩服。在罗马学院， 并不是每位院士都能接受伽利略的见解， 偶尔也有一些激烈的争论， 但这种争论属于纯科学的争论， 不含有任何宗教色彩， 他们对伽利略这位来访者友好相待。

杰出的耶稣会哲学家贝拉明诺主教也参加了在罗马学院举行的伽利略望远镜演示会， 他很诚恳地请伽利略对曾经引起争议的《星际使者》 一书做些具体说明。 当时还组成委员会对《星际使者》 一书进行讨论， 大部分人都基本上认同了伽利略的看法， 对此， 伽利略感到非常高兴。

演示会之后， 伽利略同一部分主教就一些天文科学的问题进行了热烈的讨论， 这些由有学识的巴伯瑞尼主教所领导的组员， 首先伸出友情之手对伽利略予以支持。 部分有影响力的组员也深致倾慕之意， 有一些并未读过《星际使者》一书的成员， 因受主教的影响， 也对伽利略报以好感。

2. 塞西公爵的宴请

对新宇宙的发现者伽利略的来访， 罗马各界表现出不同寻常的热情， 不仅请他介绍望远镜， 讲解他发现的宇宙奇观， 还一次又一次地邀宴共饮。 罗马贵族及一些外国使节均以酒宴、 音乐会及其他娱乐活动款待嘉宾， 然后对有关新发现进行咨询与讨论， 伽利略的语言极富魅力， 常使宾主尽情欢愉。

在众多的宴会中，塞西公爵的一次邀请给伽利略留下了极其深刻的印象。公爵府富丽堂皇，宽敞明亮，家具陈设古色古香，豪华典雅，餐具饰物非金银珠宝即稀世艺术古物，鬓云钗影，极世间声色之能事，参加宴会者尽属名媛贵妇、学者专家及各教会知名教士。

菜肴一道胜过一道，色佳味美；美酒一杯接着一杯，杯杯开怀。伽利略平时酒量就大，今夜放怀饮用，一再干杯。

正当伽利略沉醉在美酒佳人的美妙气氛之中时，公爵邀请他对宾客讲解他的新发现："我们实在显得有些失礼，这么晚了，又在您这样疲劳的时候，还要邀请您来讲几句话。但是，对我们大多数人来说，今天晚上的最高潮，就是由您这个贵宾之星，为我们大家讲述您在宝杖下搜集到的星星。"

一位来自威尼斯的美女靠近伽利略的耳朵咯咯地笑着说："宝杖？他一定是指望远镜，我们的公爵今晚也要成诗人了！"

另几位宾客也附和着说："是呀！我们要试看一下望远镜。"

陶醉在这种气氛之中的伽利略，略有点摇晃地站了起来。这时，他恍恍惚惚地觉得自己好像置身于帝王群之中。他内心欢腾地思考着，我伽利略不愧是美第奇家族的后裔了， 我们原本是佛罗伦萨有权势、 有威望的家族， 我正是光宗耀祖的一个， 因为我已成为一个国王——有一架望远镜的宝杖。

"您把望远镜带来了吗？" 公爵问伽利略。

公爵的话把伽利略从沉思中唤回， 他连忙点头， 说道： "在我年轻的时候， 每当我参加一个宴会， 虽说从来没有过像今天这样使我荣幸， 但我总是把我的琵琶带在身边。 我常希望我会被请进乐队中， 在曲终人散之前演奏一曲迷人的乐曲。"

他假装在长袍下摸索。 这时， 有一位威尼斯贵妇微噘着小嘴说："原来你只带了琵琶！ 我的总督叔叔曾对我说， 他已经见过你那神奇的望远镜了， 我真希望……"

"有机会指挥天上的星星舞蹈， 谁还有兴趣参加地上的管弦乐队？ 很幸运， 今晚天空清洁如洗， 我要让您看到这辈子从未看到的奇景。" 伽利略直视着那位威尼斯贵妇的眼睛微笑着说，"我有仆人正在看守我的望远镜。"

这时， 伽利略又转身对公爵说："请您告诉大家耐心等着， 依次轮流观看。"

公爵点头答应， 更有几位贵妇拍手称好。

伽利略愉快地带着他的望远镜走上王宫的高塔， 公爵和各位宾客说说笑笑， 尾随其后。 高塔的平台上， 四周围着石墙， 微风徐徐透出一种早春的凉意。 经凉风一吹， 伽利略才算恢复了清晰、镇定的神志，他不再自傲、自大、随心所欲地开玩笑了，而是细心地把望远镜调整好，开始当起了老师。他向围观的各位宾客说，今晚上你们很幸运，将会观测到木星和它的四个卫星——美第奇星群。

第一个去看的是公爵，他从望远镜中看到了从未看到过的奇观。接着几位贵妇轮流观看，纷纷赞赏。然后是那位威尼斯贵妇，当她走到望远镜前时笑着对伽利略说："如果能看得合我的心意，愿赏香吻一个。"

伽利略一笑置之。

威尼斯贵妇从望远镜中清晰地看到了美第奇星群——一颗行星和四颗卫星。然后，她又要求道："且等一会儿，让我把它放低一点……可能我会看到圣约翰教堂、箴言录和亮着的灯。天哪！我看到了门口刻着的献词。"

旁边一位对伽利略的观察存在疑心的天文学家，忘记了礼貌，上前把威尼斯贵妇推开。他连忙从镜中望去，仔细观察了很久，才抬起头来谦虚地对伽利略说："我当着许多贵妇的面说，我必须请你原谅，我以前很愚笨地相信毁谤你的人，他们说你在仪器中预先刻好了该看的东西，我还真有些相信呢！用这一镜筒，我如今可以看到我们神圣主教刻在教堂门上的箴言。那些诽谤你的人实在可恶，因为你从未使用过他们所说的那种诡计。"

这位天文学家的肺腑之言，深深感动了伽利略，使他心中有种说不出的高兴。 他坚信乌云遮不住太阳， 太阳总是要放光芒的， 别人的诋毁只是暂时的， 真理终将战胜谬误，被越来越多的人所接受。

3. 拜访教皇保罗五世

伽利略这次来罗马， 主要目的就是为了拜会一些显赫的朋友， 希望能得到他们的帮助， 同时也想拜访教皇保罗五世， 更希望得到他的认可。

伽利略的朋友也曾这样写信对他说： "昨天我晋见了教皇， 我们谈论了你的工作， 我告诉他你对他是无限崇敬的，如果你来这里， 他一定会高兴地接见你。" 伽利略也十分清楚， 他的敌人正在处处算计他， 想终止他的观察， 封住他的嘴。 罗马宗教会议里同样有许多亚里士多德派的学者， 他们的势力正在逐年增加。

"伽利略这个人给我们招来很多麻烦。" 他们对宗教会议说，"他竟说托勒密的地球学说是错误的。 可是， 教会一直承认托勒密的学说， 难道教会还会错吗？"

"如果我们对此听之任之， 人们就会说，'教会在托勒密学说问题上是错误的， 因此， 恐怕教会在许多事情上都是错误的'。 因此我们可千万不能允许伽利略讲授哥白尼的学说。 我们一定要把伽利略列入黑名单， 书籍一上了黑名单，人们就买不到了。"

就这样，他们把伽利略列入了黑名单。然后，宗教会议的领导人把伽利略叫到教廷，正式地告诫他："伽利略，你可不能再讲授哥白尼的学说，这是宗教会议的命令。"

但是，这位领导人并非亚里士多德派，因此，在他传达完宗教会议的命令之后，又轻声地说："伽利略，我很抱歉，你必须多加小心。你可以讲授哥白尼的学说，但你得说明'这些是哥白尼的学说，但教会不接受它们'。你千万不要说这些学说是正确的，而教会是错误的，你能答应记住这点吗？"

伽利略答应了。

从教廷回来后，伽利略便决定拜访教皇。

伽利略怀着不安的心情，终于来到了教皇府前，他先让门卫人员向教皇通报了请求。

过了一会儿，门卫出来了，他告诉伽利略："教皇现在想跟你谈谈。"

保罗五世在自己的房间里接见了这位多次被人提起的奇人伽利略，并允许少数教廷中人听了伽利略对望远镜及《星际使者》一书的讲解。当然，在讲解的过程中，他很注意策略、方法及措辞，并回避了一些太为敏感的问题。最后，这位世界上最有权力的宗教教皇和这位最伟大的科学家进行了友好的交谈。

伽利略弯着他那患有关节炎的僵直的膝盖向教皇行礼，他铭记了教皇的话，接受了教皇最珍贵的祝福。

4. 伽利略的忧虑

又是一天的奔波、疲劳和兴奋，伽利略回到了住宿的地方，略作小憩，便来到庭院中的花园里。

用砖铺成的幽径上，长满了潮湿的苔藓。伽利略小心翼翼地走着，他边走边回忆来罗马的一幕幕：罗马各界人士的热烈欢迎，罗马贵族、外国使节的邀宴共饮，罗马天文学家、主教们的科学论争，罗马教堂、宗教会议领导人的善意告诫……这一切都使他觉得这次访问罗马很值得，也很成功。虽然宗教会议不让他宣传哥白尼、抨击托勒密，但他的发现，他的望远镜逐渐被越来越多的人所接受，许多天文学者、神职人员通过观测天象，开始从内心怀疑起托勒密的理论了。然而，当他走出这美好的回忆时，又感到了阵阵的忧虑和不安。

早春的夜晚，虽说万物都在复苏，但仍要经历寒冷的侵袭。伽利略感觉有点冷，他让仆人拿件外衣给他披上，他的关节炎也在隐隐作痛。

仆人扶着他回到室内，伺候他上了床，他自言自语地说："醉梦中的赞扬和甜吻已经过去。我渐入老年，应该避开这种饮宴。 我应该把晚上的时间多用在读书和观察天文上， 谁也难以预料哪一天会风云突变， 黑暗忽然来临。"

伽利略靠着床头半躺着， 并没有马上入睡。 他仍在思考着： 公爵的来宾们为什么对观察星体的热情很快就减退了， 而对看、 读主教的箴言语录却兴趣盎然。 他们并不是对科学感兴趣， 仅仅只是觉得好玩！ 这就好像是， 我自己成了博览会里耍把戏的人， 被一群张嘴伸舌的乡下人围观者， 真让人感到恶心。 他哀叹道： 科学的发明太艰难， 人们的思想太愚昧， 传统的思维方式太难以改变。

想着想着， 他又把注意力转向自己的身体状况， 这段时间， 他又忘记了佛罗伦萨御医的警告："不要太辛劳、 太激动， 更不能吃喝过量。"

"我在比萨当学生时， 又疲又饿， 但从不生病。" 他在床上翻来覆去， 关节炎酸痛难眠。 他取出御医给他的药物， 尝了一点点， 做了一个苦脸， 又喝了一点， 然后把剩下的丢在地上。

有名望的医生也不过是一个傻瓜， 他们对许多的病症无能为力！ 伽利略一面想着， 一面吹熄了蜡烛。 我幸亏没有听父亲的话继续学医， 不然的话， 这世界上又会多一个笨蛋， 也许同样连自己的痛苦都医治不了。

近来， 伽利略对自己的病越来越担心了， 他不止一次地想过， 自己已人到中年， 关节炎又时常严重发作， 可自己的观测与研究又不得不在晚上进行， 现在的身体状况能够支撑下去吗？ 万一有一天可恼的关节炎使我卧床不起， 敏锐的脑力也因病体而退化， 那么我的观察还能继续下去吗？ 这时， 他又羡慕起科学家开普勒了， 每当感到力不从心时， 他总是想起开普勒。 他多次对朋友说， 第谷很幸运， 在有生之年找到了一位天才的助手， 在他日渐衰弱之时， 他把仪器和积累的全部资料一件一件地都托付给了开普勒。 开普勒以自己的天才与勤奋， 完成了老师未竟的事业。 正是他继承了老师的多年心血， 而且还发现了奇异的 "开普勒星"， 指出了托勒密 "宇宙永恒不变" 这一理论的错误。 可是自己呢？ 至今仍是孤家寡人， 能不能也有一位传人， 在自己身竭力衰的时候， 仍能继续自己的研究与观测， 发展哥白尼的理论， 揭示宇宙的奥秘， 使更多的人从迷途中觉醒， 走上科学与真理之路呢？

就这样， 伽利略忍受着关节炎的折磨， 不停地思考着， 又熬过了一个不眠之夜。

伽利略在罗马待了较长时间， 因为他有很多事情要做。一天他突然收到柯西莫的一封来信， 信中写道："这是怎么回事？ 你还在向那些亚里士多德派解释吗？ 你简直是在浪费时间， 他们始终都不会认真听你的。 如果这些狗东西想睡觉，就用不着叫醒他们。 回到佛罗伦萨来吧， 你的工作在等待着你。"

十一

一篇公正而诚实的报告《关于两种世界
体系的对话》，惹恼了宗教会议的反对派，
他们牵强附会，伪造假报告激怒教皇，从
此，伽利略交上了噩运。

1. 暗伏的危机

6月间，伽利略回到了佛罗伦萨，他带回了教皇给大公
爵的祝福。大公爵对他这位宫廷数学师赢得了罗马学院的友
谊十分高兴。

伽利略还宣读了一封枢机主教蒙特的热情洋溢的信："假
如我们生活在古城罗马，伽利略无疑可以获得在这首府建立
一座纪念铜像的机会。"

大公爵领首赞许道："伽利略，你为我们多斯卡尼赢得了
很高的荣誉。"

伽利略从罗马归来后，急于投入自己的工作，已有好几
年，由于繁忙他没空写书。可现在伽利略想把自己的研究系

统化，以回击那些一直在攻击他的人。

随着伽利略名声的增大，政敌也越来越多，就连德国奥斯堡也时常有人攻击他。在英国，有人多次怀疑他的发现。最令伽利略生气的是，一位匿名的天文学者自称是第一个发现太阳黑子的人，并把这种发现附会以亚里士多德学说的解释。

伽利略反复研读过那些反对报告后，感到忍无可忍，他准备尽快把自己的理论以书的形式在罗马出版。

可这时，不好的消息不断传来。虽说罗马之行令他欣慰，可现在接近教皇的朋友来信对他说反对他的人越来越多，他目前已被可怕的审判会秘密监视着。

佛罗伦萨忌恨伽利略的人也开始公开露面，他们知道大公爵是不敢违背教皇去庇护伽利略的。一些贵族，为自己的前途考虑，逐渐与伽利略疏远了，庇护他的大公爵柯西莫二世又突然去世，继位的儿子费迪南德二世才10岁，由母亲和祖母摄政。虽说他的祖母克丽丝汀夫人对伽利略极有好感，但也只是把他当作一般朋友，况且她已经年迈体弱了。

更使伽利略感到震惊的是，罗马方面将他研究哥白尼学说的书籍列入天主教的禁书，他忍不住给迪尼主教写了一封声情并茂的长信，他希望能影响检查委员会的决定，信中写道："要想使神圣的文辞和新理论相调和，就必须有完备的新理论知识。因为，仅仅只有一根琴弦之音是无法体会将两根弦调和后的和谐感的。"

伽利略的抗议，没有产生任何效力。教会的代表们继续攻击他和他的某些门徒为异端邪说分子，于是，他决定再次到罗马去。

可是，罗马已不再欢迎他，没有宴会，没有邀请，没有前呼后拥，没有交口称赞。他感受到的只是冷淡、躲避与蔑视。眼前的这一切告诉他，这趟罗马之行不仅毫无收获，而且是一种不祥的兆头。

回到佛罗伦萨之后，伽利略搬到阿克瑞特的一所美丽的小山庄。这里景色宜人，他开始修身养性，在花园中种植花草、果树及一些稀有的丛木。有时，偶尔有灵感出现，他会立刻放下锄头，奔回书房或工作间，把一时的想法记录下来。

在阿克瑞特山庄，他设计了一间装置望远镜和其他仪器的观测塔，不管学术能不能发表，但他不能停止观测。

现在，他住的地方离两个女儿住的修道院不远，当身体较好的时候，他会沿着多灰的泥土路到那个矮小的修道院里去看望她们。两个女儿都已打算终身做修女了，佛琴（教名玛利亚）稚气、甜美、纯雅的神态显得更有神召的气氛，在她父亲的眼中，她已是天主快乐的新娘了；丽薇（教名亚肯吉）的情绪有时闷闷不乐，有时会大发脾气，这使伽利略想起了她那情绪不稳的祖母，他想修女生活倒也很适合丽薇， 可以把她训练得更乐观些， 也可以使她除去做妻子、 做母亲的烦恼。

时隔不久， 伽利略遇到了一件恼火的事情。 格拉西神父多次发表攻击伽利略的言论， 他写了一篇专门性的论文， 指责伽利略的发现均系剽窃他人， 其中还带有可能会造成巨大伤害和挑拨性的语言。

面对格拉西的恶毒攻击， 伽利略十分痛心， 他对自己的朋友说:"我敢回辩他的谎言吗? 我可以很简单地以几句话澄清剽窃的攻击， 可是， 有关牵涉哥白尼学说的事实在棘手。假如我现在宣布我不信哥白尼， 这只能给他振振有词的机会， 况且我也绝不会说这违心的话; 假如我完全不理会他的攻击， 那样， 他会认为我理屈， 好像默认自己有罪一样。"

朋友们一起帮他出谋划策， 尽管意见不一， 但有一点大家都很赞成， 那就是宗教战争使多斯卡尼这个天主教派的城邦国民对罗马当局更加忠诚， 任何对教廷持不同意见的人都会遭到危险与不幸。

眼下， 耶稣会已经控制了多斯卡尼， 伽利略知道他已不可能再从宫廷中获取支持。 在罗马， 他的学生和忠实信徒辛波里阁下， 现在已是教皇的秘书， 在梵蒂冈很有影响力，他力劝伽利略替自己辩护， 并答应支持他。

就在格拉西诽谤伽利略后的第三年， 伽利略开始反击了。 他写了一篇论文， 尽量避免一些会立刻引起批判的激烈言辞，又强调说他能够解释这种新的宇宙论。伽利略把文稿送给罗马的全部审判会员，最终侥幸获得了准予出版的许可。

论文出版的时候，伽利略因长期的疾病折磨与思想恐惧，身体已经非常衰弱。可是，论文发表后引起的多方好评，又使他恢复了活力。调皮的儿子文新从罗马传来了一个好消息：伽利略的老朋友兼保护者巴伯瑞尼总主教最近升上了教皇宝座，成了乌尔班八世，统治天主教世界。乌尔班八世很赞赏伽利略的发现，在一封赞扬信中，自己署名为"你亲爱的兄弟"。这真是一件意外的喜事，伽利略自言自语说："乌尔班是我的好朋友，他总是乐意倾听新见解，我应该为他写一本书。"

伽利略写了一本书《实验》，并在扉页上印着"谨以此书献给我们的伟大领袖乌尔班八世"。

教皇愉快地接受了这本书。"每天用餐时读给我听。"他对手下的人说。接着，教皇给伽利略写了封善意的信，"很抱歉，我无法将哥白尼的名字从黑名单上除去。你明白其中的理由，你必须接受这些理由。但我希望你继续做实验，实验的价值是非常巨大的，因为这些实验对你的同胞有用处"。

1624 年春天，伽利略到罗马庆贺教皇登基，乌尔班八世私下接见过他几次。他们谈论着往事，谈论着诗歌、文学及他们共同的朋友们，几乎什么都谈到了，可就是谈不到伽利略最关心的事情。

最后，伽利略小心翼翼地谈到哥白尼的学说，教皇也说不出更多的反对理由，他对伽利略说：可以把哥白尼的学说当作一种智力练习来写，要把赞成与反对的观点并列出来，但无论如何，不要做出结论说地球是绕着太阳转动的。

教皇还赠给了伽利略的儿子文新教育奖学金。在伽利略离开罗马时，教皇给多斯卡尼大公爵、年轻的费迪南德写了一封长信，信中表明了他对伽利略的真实看法，最后写道："我们发现他不但声名卓著，且忠贞虔诚，实应受到我们的敬重。尚希阁下多予关注是幸。"

2.《关于两种世界体系的对话》的问世

告别教皇回到小山庄以后，伽利略一直默默无闻地工作着，他白天做实验，晚上观察星星，几乎每天晚上都记录行星和月亮的运行情况。与此同时，他背着审判会，开始偷偷写作，论争他自己关于哥白尼理论的研究与见解。

伽利略写得很慢，但对事实格外慎重，他是用意大利语写的。当时各国有学问的人都学拉丁语，科学家用拉丁语写作，但伽利略并不是为有学问的人写书。

"我以前通常用拉丁语写作，"伽利略说，"但我想让意大利人民看懂这本书，虽然许多人不识字，但他们的朋友会读给他们听的。"

书写成后，伽利略将其定名为《关于两种世界体系的对话》，书中解释了托勒密的学说——地心体系，也阐明了哥白尼的学说——日心体系。这本书是一篇公正而诚实的报告，它正确地阐述了他们各自的道理。

"这两位科学家，"书中写道，"都是有学识的人，但他们对某些重要问题的解答各不相同。这里记录了他们的解答，哪些是对的，哪些是错的，我无法给你们回答，让事实说话吧。"

为了谨慎起见，伽利略在这部代表他最高学术成就的伟大著作上确实花费了很多心血，书稿完成后，他一遍又一遍地校读，时而增加一言，时而减去一语。到定稿时，他的头脑不胜负荷，感到劳累至极。

伽利略的朋友看了《关于两种世界体系的对话》的书稿后，大加赞赏，都夸写得好。"但你的敌人绝不会喜欢它。"他们又补充说。

"当然，书印成后，我将呈送教皇宫廷。"伽利略答道，"如果教皇不喜欢书中的某些部分，我将修改。如他们允许我出版，我的敌人就无法捣乱了。"

伽利略也许并没有想到，教皇宫廷中的人把他的书稿读了三遍，他们大都是些正直的人，知道书中讲的都是真话。

因此他们喜欢这本书， 他们也清楚宗教会议中很多人一定会为这本书而大发雷霆。 最后， 教皇宫廷还是做了一些很小的修改， 并允许伽利略出版此书。 其中的一位好心人写信给伽利略说："你把书送到佛罗伦萨去出版， 别在罗马出版， 趁他们还没有来找麻烦时， 赶快把书卖掉。"

伽利略照办了。 1632 年春,《关于两种世界体系的对话》正式出版了。 当时， 罗马还流行着一场大瘟疫， 因此那里的人并没有立即收到他的书， 但欧洲各地的科学家都能买得到。 虽说他们不懂意大利语， 但他们的意大利朋友能用拉丁语读给他们听。

欧洲最伟大的一些学者都来信热烈地道贺、 赞扬， 坎波尼拉的赞扬是伽利略最重视的， 他在信中说："这是真理的复兴时期……这新体系和新观念掀开了新的纪元。"

对已近古稀之年的伽利略来说， 经过许多辛劳后所得到的赞誉足以安慰他的心灵。 书的出版也使他倍感欣慰， 他终于把自己的信仰记录下来公之于世了， 他清楚地知道他的书会使人类受益， 也会使自己声名不朽。

伽利略兴奋地读着来自各地的祝贺信， 但也有一些吹毛求疵的批评， 对此， 伽利略十分坦然地置之一边， 他说："我绝不会再浪费我的精力回答这些攻击了， 我的书受到最卓著的学者的称赞， 称之为本世纪最杰出的著作， 这就足够了。"

但是，伽利略不明白的是，为什么这些信件中没有来自罗马的。的确，他的朋友、教皇乌尔班和他的一些顾问正在忙于战争。基督教派的将军、瑞典的阿都发斯国王赢得了几次胜仗，这无疑使教廷人士忧心忡忡。罗马学院的人可能正为着最近流行于意大利的恐怖瘟疫而发慌，这瘟疫使许多地方的交通和通信受阻。伽利略想起一个送信的孩子在罗马至佛罗伦萨的途中因瘟疫变疯而惨死的故事，他还听说，这个精神错乱的孩子最后把邮袋里的书信全部撕毁在他身边。

一个秋高气爽的早上，伽利略来到花园中，漫步在小径上，他的体力已不容许他再做任何稍重一点的活。走累了，他就坐在他喜欢的橄榄树下的长凳子上休息，顺便等待园丁的儿子。他今天去佛罗伦萨办些事，然后把一星期的朋友的信件及儿子文新的消息带回来。

直到快中午的时候，伽利略花园的门被轻轻推开了，园丁的儿子踟蹰不前地站在那里，并且拿着一大把信件。

"你为什么站在那里发呆？厨师正在等你买的鸡蛋，我也正在等着你所取回的信哩。"

园丁的儿子哆哆嗦嗦地把一沓信交给伽利略，伽利略这才注意到他脸色苍白，手在发抖。一刹那，伽利略的脑子闪现出许多不祥的念头：这孩子出什么事了？还是文新出事了？难道文新一家染上瘟疫了吗？此时，伽利略的脸色也开始发白了。

"发生了什么事？" 伽利略焦急地问道。

"先生， 先生， 我一定要告诉您……" 孩子非常恐惧地说。

"我的儿子文新怎么样了？ 他的家人呢？" 伽利略追问道。

"我和他的夫人说过话， 他们都很好， 谢谢上帝， 他们问候您。" 园丁的儿子回答说。

伽利略长出一口气， 在胸前画了一个"十" 字。

"先生， 原谅我带回来的消息， 在市场里， 我遇到——我不敢提他的名字， 因为这是我偶然偷听到的……"

"不要提名字， 只告诉我是什么坏消息。" 伽利略催问着。

"我看到手中的这封信， 长长的信封， 印有教廷的官衔。 他和我一样不识字， 他只是佛罗伦萨审查会的仆役， 但他知道这封信。 他昨天在他的主人的桌子上看到这封信， 是刚收到的， 他听到他的主人说……"

伽利略极力使自己平静一些， 说道："你把这些食物快送到厨房去， 不要再提市场上听来的闲话。"

孩子走后， 他急忙撕开信， 全神贯注地读着。 而后， 他生气地把信扔到地上， 他本想站起来， 可是， 双腿软弱无力， 又跌坐在长着青苔的石凳上。

这是一封从宗教法庭寄来的信， 令他速去罗马审判法庭报到，不得延误。伽利略明白了，灾难就要来临了。但此时他想到的不是自己的安危，而是想到了爱女玛利亚，她现在已被分配到药房工作，非常辛苦，而且身体又十分虚弱。修道院中的病人也有被瘟疫侵袭的，假如他现在离开玛利亚，还真不知道能不能再见到她。这是伽利略的一大心病，想到这里，他心里一阵酸楚，两行浑浊的眼泪从老人那清瘦的面颊上滚落下来，滴在潮湿的土地上。

3. 最残酷的打击

10 月份，伽利略的家里来了一位陌生人。"你必须在月底以前到罗马去，宗教会议想见见你。"陌生人严肃地对伽利略说。陌生人的话使他突然想起了布鲁诺的命运，"也许历史又要重演了。"他对自己说。

伽利略已决定去罗马了，可医生十分焦急地劝他说："即使你能够旅行，在这种潮气大、天气坏的情况下，长途旅行非常危险。况且现在瘟疫还很猖獗，万一染上了这种病，依你现在的虚弱状况是很难康复的。"

"审判会叫我去报到，不就是判我死刑吗？我还怕什么瘟疫呢，为什么要阻止我与我的敌人作战？"伽利略暴躁地说。

佛罗伦萨教会首领们领了三个医生前来看望伽利略，他们一致认为，在这种情况下去旅行，的确是死路一条。医生们共同签署了一份报告说："伽利略病情严重，无法出门。"审判局把情况报告给了罗马，说伽利略自己很愿意前往受审，但医方报告要求迟缓。一位佛罗伦萨的高级官员也写信给罗马当局说："可怜的伽利略卧床不起，随时都有可能到另一个世界报到而无法前往罗马，上帝说过'我不要求罪人死去'。"

　　罗马的宗教裁判所是无情的："只要他能勉强成行，就把他抓起来，锁上铁链，押到罗马！"

　　这时，从威尼斯寄来了一封截然不同的信："我们听说罗马教廷要把你投入监狱，这样你就会死在狱中，为什么不回到我们这里来呢？别忘了，我们不怕宗教会议，你在这里，他们不会把你怎么样。我们会照顾你，可以出版你的书。"

　　可伽利略并没有接受威尼斯方面的善意安排。"我得去罗马。"他说，"不仅在威尼斯，我还要在意大利各地发售我的著作。因此，我必须回答罗马的问题，我在那里仍然有些朋友。"

　　费迪南德大公非常伤心，他对伽利略说："如果你非去不可，由我来负担一切费用，我派人送你去，我的医生陪你去。到了罗马，就可以住在我的私寓中，尼科里尼会很好地照顾你的。"

整整三个星期，伽利略都是躺在担架轿垫上，颠簸在去罗马的旅途中，他的身体被病痛侵袭着，思想被各种不祥的预感煎熬着。到达罗马之时，他头晕目眩，连迎接他的朋友都认不出来了。

第一个走近担架和他握手的人是佛罗伦萨驻教廷大使尼科里尼。伽利略前几次访问罗马时，尼科里尼曾热情地款待过他，尼科里尼不是那种趋炎附势的小人，多少年来，他多次冒着风险帮助他所敬佩的科学家伽利略。

大使把伽利略接入使馆，安置在他以前住过的舒适房间里，并由原来招待过他的人前来侍候他，大使本人甚至亲自给伽利略调配饮料，这使伽利略感动得掉下泪来。

来到罗马的第二天，尼科里尼坐下来和伽利略聊天，伽利略迷惘地道出了他这些天百思不得其解的一个问题。

"教皇陛下为什么也转而反对我呢？我们是非常好的朋友，他称我为亲爱的兄弟……"

尼科里尼打断了他的话："这样说来，难道关于教皇变心的传言没有传到佛罗伦萨？我实在不想再重述这一段无稽的谎言，但是，你也该了解一下，以便替自己辩护。"

"事情是这样的，你的《关于两种世界体系的对话》在佛罗伦萨出版以后，宗教会议里的敌人十分恼火。他们既不公平，也不正直。他们商量着一个阴谋：给教皇一个假报告，使教皇恼火，然后查禁这本书。"

原来，这伙卑鄙的家伙在读了伽利略的书之后，便大加杜撰说："这本书里写了三个人。第一个代表托勒密说话，第二个代表哥白尼说话，第三个人名叫辛普利邱，是代表教会说话的。辛普利邱之所以接受托勒密的学说是因为这些学说古老，他不能独立思考，愚蠢地回答了哥白尼的问话。我们一定要告诉教皇，辛普利邱就是教皇本人的画像。"

于是，这些人来到教皇那里，说："您是教会的领袖，因此，您就是辛普利邱，这是确凿无疑的。伽利略在这本书里把您描写成蠢人，如果人们读了这本书，他们就会讥笑您。您决不能允许伽利略出售这本书。实际上，这本书应该列在黑名单上。"

乌尔班为什么会接受这个假报告？别人不得而知，但知内情的人都说，他对此确实大为恼火。

听了尼科里尼的叙说，伽利略感到很震惊，他觉得太冤枉了，愤愤地说："真是胡说八道！我是一个虔诚的天主教教徒，有什么理由要戏弄他呢？"

…………

最后，尼科里尼谨慎地告诫伽利略："在审判庭上，绝不可提及我告诉你的任何一句话，乌尔班教皇也绝对不会承认他是因个人情感而对你的书发怒的。同时，他也绝不会像过去那样接见你。不过，请信任我，我已尽我一切能力来替你效劳。 现在， 我们仅能期望， 你的好女儿的祷告能使上帝软化那些审判员的心肠。"

伽利略叹了一口气说："愿我能很快地见到他们， 这样悬疑的生活已过得太久了， 真是生不如死啊！"

十二

冷酷的罗马教皇，扭曲的宗教审判，科学遭受摧残。《关于两种世界体系的对话》禁止流行，伽利略被宗教法庭判处监禁，爱女玛利亚告别人世。

1. 宗教法庭内外

风烛残年的伽利略来到罗马以后，在尼科里尼大使豪华的住宅里已经住了两个月，这一段时间，除了和大使尼科里尼来往以外，法庭禁止他与罗马的任何人接触、通信，更不允许他去大使住宅外的任何地方，其实，这里就是一座没有围墙的监狱。在这里，伽利略除了有沉重的精神负担需要承受外，余下的大多是休息时间，两个月的休息，使他恢复了一些体力。伽利略常常坐在走廊里享受三月里和暖的阳光，经受三月里春风的吹拂，重读爱女玛利亚的短信，她总是把一些希望带给父亲伽利略。

一天，伽利略正在那里看信，尼科里尼来到他身边，大使非常清楚修女玛利亚带给她父亲的安慰，也知道修道院从院长到佣童，没有一个不为久别的伽利略祈祷。伽利略看见大使来，将信伸出，说："你来看，这封信是邮差刚给我送来的。"

尼科里尼仔细地、缓慢地读着信，赞扬着玛利亚对父亲诚挚的爱，似乎在故意拖延一下他要说的话。

待伽利略把爱女的信收起来后，尼科里尼才轻言轻语又是很认真地对他说："你离开我这里以前，一定要先给玛利亚写一封回信寄去，因为宗教法庭已有谕旨来，你马上就要离开这里。"

"他们要把我关进牢狱？"伽利略吃惊地问道。

尼科里尼继续说道："审判会的规定是，在实际审判期间，受审人必须住在旦米尼克修道院内。你曾经去过那边，明内瓦教堂隔壁的那幢大建筑，我将派一位我最信任的用人侍候你。我已获准从家里给你送饭，另外，再送一些纸、笔、文具等，让你有事可做，你不会感觉是在坐牢。答应我，好好地、勇敢地去战斗，为了你自己，也为了那么多爱你的朋友。"

伽利略默默地听着尼科里尼的叙说，心情非常沉重，他想象着宗教法庭对他的审判，但宗教法庭的审判程序到底是什么，大使从来都没有提过，不过，有些泄露出来的细节告诉他：受过审判的人必须保守秘密，受审判的人永远见不到控诉他的人， 通常和民间法庭一样， 他们经常采用最恶毒的刑讯逼迫犯人招供。 伽利略想到这里， 垂下头来， 手指震颤地在胸前画了一个"十" 字。

伽利略来到旦米尼克修道院的第二天， 一大早便由侍者搀扶着从修道院的长廊走进了宗教法庭的审判庭。 三个身穿黑色长袍、 头戴黑色小帽的法官坐在长桌后面， 他们看见受审人的虚弱， 就叫人搬来一把椅子让伽利略坐着。 坐在被审判的席位上， 面对三个威严的法官， 没有一个护卫他的人在身旁， 伽利略感到很孤独， 他抬头望见长桌后高悬的十字架， 嘴唇颤抖着向圣母祷告。

过了大约有一刻钟， 一位法官用木槌敲了一下桌子， 向伽利略问道："你是伽利略·伽利雷吗？ 你写了一本论述托勒密和哥白尼的书吗?"

"是的， 教廷曾允许我出版这本书。" 伽利略回答。

"他们不知道实际情形， 他们不知道你在 1616 年所许下的诺言。 那一年， 我们就在这里召见了你， 你答应过不讲授哥白尼学说， 也不著述有关方面的东西。"

"这不对， 我只答应过不讲授哥白尼学说， 我信守诺言也一直没有讲授过。 现在我写书论述哥白尼学说， 只是在说哥白尼学说与托勒密学说不一样， 但我从来没有说过哥白尼学说是正确的。 我在《前言》 中已经说过， 哥白尼学说仍然只是一种假设。"

"你错了，请你看看这张纸条，日期是 1616 年，条上有你写的答应不出论述哥白尼学说的字样。" 其实，在这张纸条上，并没显示出谁签署了这份假报告，报告下面又是谁的署名，什么也没有。

伽利略知道这张纸条是伪造的，但他已年迈病重，无力证明这一点。他的敌人很狡猾，而他又处在他们的管辖之下。

"教皇对你很生气，" 他们说，"因为你违背了自己的诺言，所以你得进监狱。"

…………

伽利略声音单调、机械地回答着法官提出的每一个问题。他已经是一个年迈的病人，虽说他曾经是一位用机智、聪慧、健康的身心来观测星球的人，但如今他说话不太清楚，且常有含混不清的现象。

此时此刻，坐在被告席上的伽利略头痛眩晕，身体颤抖，双手紧紧握住座椅扶手，终于没有倒下去。他忽然想起在佛罗伦萨街巷中漫步时曾看到几个小孩向一只壁虎掷石子，自己为什么没有试图制止他们呢？现在他的敌人正包围着他，他感受到每一个问题都像一粒石子在敲打着他疲惫的脑子。

这场审问最后结束时，伽利略已无力从椅子上站起来，他的侍者和另一位旦米尼克助理修士从两边搀扶着他回到住的地方。

尽管伽利略病魔缠身， 身体已经非常虚弱， 但教廷对他的审判毫不放松， 一次又一次地把他带到法庭上， 残酷的审讯实在够可怕了， 但更可怕的是在休憩的时候， 伽利略躺在床上， 臆测着宗教法庭可能给他的折磨。 就在昨天， 有一位法官， 好像已不能忍耐， 曾凶狠地说过："我们有办法叫一个持异端邪说之徒说话。" 这意思已经很明确， 为了达到目的， 他们什么恶毒手段都会使出来的。

伽利略记得在帕多瓦的时候， 他曾经和一位旦米尼克教士、 天主教教会法博士交谈到深夜。 博士认为， 和民间法庭一样， 宗教法庭也常犯错误， 但他又坚定地说， 一切规章仍是公平和仁慈的。 举例来说， 审判会对 60 岁以上的嫌疑犯禁止施刑， 不过他也承认："宗教法庭有时也免不了有滥权的地方。 我担心， 我们的法官有时由于过分相信真理， 而忘记了本身所担负的使命。"

宗教法庭除了普通审问以外， 还有一种严厉的审判， 分五个步骤。 第一， 在法庭上警告嫌疑犯， 如果再不悔改， 就必须受严重的惩罚； 第二， 嫌疑犯被带到受刑室的门口， 再警告他； 第三， 把嫌疑犯带进受刑室， 让他见识各种刑具； 第四， 将嫌疑犯衣服脱了， 绑在刑具上； 第五， 真正用刑。 每个步骤实行之前， 都给嫌疑犯一个悔改的机会。

宗教法庭要伽利略否认哥白尼学说是真理， 伽利略面临着严峻的考验：要是他坚持信仰，那么就要遭到严刑拷打，甚至像另一位传播哥白尼学说的天文学家布鲁诺那样，被活活烧死；如果否认，那么就将被他的追随者看作懦夫。

伽利略相信，不管他是死是活，真理是不可能被压倒的。如果哥白尼学说像他相信的那样真实，那么，谁的话也不能把它埋葬。没有任何人为的法律能使地球静止不动。面对枢机主教团的法官，他气愤地说："自从命令我放弃哥白尼的主张以来，我没有坚持，反正我在你们手里，你们高兴怎么办就怎么办吧！"

伽利略在受审过程中是否遭受过严刑拷打，由于当时没有旁听的人，他本人后来也没有对任何人说过，因此人们也无法知道。但是，在他所控诉的恐怖情形中，曾提供有令人警惕的法官的威胁言辞在内。

伽利略经常悲痛地想着：他们能把我拘留到死去才释放吗？或者自己悲痛地会像布鲁诺一样在圣安东吉勒的石牢里度过最后的日子？他想着那残酷的现实：广场上仇敌的面孔，受刑人站在空地上一堆余焰未熄的灰烬之中，在烈焰升腾时没有人性的呼唤……

"啊，慈悲的上帝；啊，怜爱的圣母。"伽利略喊道，"不要让我想起这些恐怖，不然，我要疯了！让我记住我的花园、我的观测台、我的工作室，及修道院墙侧我和我的玛利亚座谈时的小凳子……"

　　有多少个夜晚，伽利略躺在床上，忍受着关节炎的疼痛，审判带来的恐惧使他无法进入梦乡。无奈，他让自己沉静地、有条理地思索着。他曾回忆起早先在罗马的光荣，他清楚地记得，温柔有礼的耶稣会克勒菲神父的热烈欢迎；蜂拥喧闹的宴会中，宾客排队轮流观看望远镜的情景；乌尔班教皇馈赠的艺术品等，这些回忆使他平静下来。他不明白为什么审判会要尽力来打击一个正直的天主教教徒？他委屈自己从来没有像布鲁诺一样叛逆过，他一直以教堂为母亲，却遭此噩运。他只是以他对科学的公正态度说出事实，仁慈的教皇、圣母为什么要残酷地对待他们顽皮的孩子呢？

　　伽利略不止一次地听说，宗教法庭为了达到险恶的目的，常会给嫌疑犯一丝虚假的安全感。有一天，他终于没有被叫去法庭受审，而是法庭派了一个法官来访问他。法官来到伽利略床边，满怀同情地像一个朋友似的坐了下来，没有威胁，没有指控，仅仅表示希望嫌疑犯能认识和放弃自己的错误。

　　这随意的会谈耗费了好几个钟头，其中充满了陷阱，使伽利略不易招架，伽利略心里计划着少说为妙。但是，又觉得说多了有助于了解，不说反而可能被认为是自己承认有罪。

　　这天晚上，他终于有一些自由时间了，他勉强吃了一点东西，也让热情侍候他的人感到一丝安慰。

"你一整天都没有吃一口饭食了，这是大使送给你的干果，这是一些野鸡肉。"侍者殷勤相劝。

"我只要能做点活动，我原先的胃口就可以恢复。"伽利略告诉侍者，"你带给我的食物足够给干重体力的人吃一天，来，过来帮我把这些东西消灭掉。"

"我不敢，先生。"侍者胆怯地说。

伽利略笑着说："你不敢和宗教法庭的嫌疑犯共餐？"

"你知道我不是这个意思，"侍者分辩说，"我是说，像我这种身份的人，怎敢和像你这样伟大的科学家同席！"

伽利略再次笑了，一瞬间，他的疲惫暂时消失，他想起了过去的岁月：

"记得第一次来罗马时，我衣衫褴褛，而且很脏。那天早晨，我在路旁泉水边洗漱，将全身的灰沙掸掉，就这样去找克勒菲。克勒菲神父请我吃早餐，这是我从未尝过的高贵食物。神父既有学问，又爱施舍，我们共餐时，他的谈话像美酒。"伽利略对侍者说，"现在，你坐下来和我一道吃吧，不要再说那些蠢话。"

餐桌收拾完毕后，侍者搀扶伽利略脱衣就寝。伽利略仍是情绪不稳，无法入睡，思前想后，心中充满疑虑和恐惧。

无休止的等待、煎熬，使伽利略觉得度日如年。法官如果想用这种方法把他拖垮，是十分有效的。有增无减的焦虑，已使他难以忍受。在被囚禁的第十二天上午，他被传到法庭。临走时，他涕泪纵横，像一个小孩，紧握着侍者的手不放。

"我要再去见他们，要求他们发发慈悲，赶快判罪。再像这样在煎熬中度日，我实在是受不了了，我宁愿早点去死！"

伽利略没有再被传讯，宗教法庭宣布他的案子正在复审当中，他现在可以回到佛罗伦萨大使尼科里尼的住宅去等候最后的判决。

在尼科里尼大使的精心照料下，伽利略的体力恢复了许多。他写信给爱女玛利亚，玛利亚的信永远带给父亲温暖的慰藉。虽说他的视力已减退了不少，但他仍旧阅读、研究大使给他弄来的许多书籍，两个人经常坐在花园中探讨各类事情。尼科里尼大使曾告诉他，即使判刑，也不会太重，但伽利略心中仍疑惑不定，而且时常梦见关押布鲁诺的石牢和火烧布鲁诺的广场火柱。

2. 最终的判决

1633 年 6 月 22 日，宗教法庭再度开庭，伽利略又一次被传讯，又一次走进令人恐惧的法庭。一路上，蔷薇花盛开，一片火红，一片血海，刺激着他昏暗的眼睛，他突然间感到这是个不祥的预兆。 记得 4 月来这里时， 蔷薇初绽，十分娇美， 可现在鲜花的花瓣撒满砖石小径， 踩在上面有如践踏在血泊之中。 伽利略紧紧抓住侍者的手臂， 感到一阵阵的恐惧和战栗。

侍者安慰他说： "先生， 勇敢些， 一切很快就会过去的。"

正在这时， 一个修士助理走过来扶着伽利略， 来到荫凉的走廊上坐定， 并给了他一份文件。 伽利略仔细地将文件从头读到尾， 脸色也随之由白变青。 侍者看到伽利略老人这个样子， 心里也很难过， 他再次鼓励老人要勇敢些、 坚强些。

几分钟后， 从法庭那边走过来两个年轻的修士， 来到走廊上， 让他站在判决他的法官面前， 这是一群宗教会议的卫道士， 由枢机主教、 教士和修道士组成。

这时的伽利略已经冷静下来， 他尽力挺直腰杆， 走到这群法官坐立的长桌前。 一位法官宣判他需受严厉的审判， 这样， 他被带进了残酷的刑房， 进去之后， 门立刻关上了。这最后一次审判的情形， 没有一个人知道。 三天之后， 伽利略才被放了出来。

放出来的伽利略更加苍老， 精神更加疲惫， 心情更加沮丧。 法官说："伽利略情愿悔罪了。"

最后判决的时间到了， 伽利略站在法庭上， 静静地听着法官宣读判决书。 法官面前是一张长桌， 长桌上点燃着两支蜡烛， 照亮着一本巨大的《圣经》。

一句一句、 一段一段、 一页一页， 法官用冷酷单调的声音读着判决书的内容。 伽利略虚弱、 疲惫的身躯摇晃着， 他身旁已没有座椅可支撑， 他踉跄着抓住长桌边沿， 祈祷着这身心的苦楚赶快过去。

伽利略硬撑着虚弱的身体， 听着法官历数他的所谓"罪恶"， 判决书上指责他在《关于两种世界体系的对话》 中附会异端邪说的哥白尼理论， 并为其辩护； 更斥责他不服从神圣教会的命令， 顽固地传播哥白尼"日心说"； 抨击他发表的《关于太阳黑子的信札》"反对《圣经》 的真正精神和权威的各种原理""引起神圣的信仰遭受毁灭和愈益扩大的混乱和毒害" ……最后， 宣读判决条文如下：

我们判决：伽利略《关于两种世界体系的对话》禁止流通；判处伽利略监禁，期限由本法庭另议；并处分伽利略每周读七篇悔悟赞美诗三年。

法官问伽利略是否愿意痛改前非， 伽利略茫然点头， 自己也不知道到底做了些什么， 他只想逃避面前那些可恶的面孔， 只想躺在床上伸伸腿， 只想好好休息一会儿， 只想舒舒服服地睡上一觉。

"现在，弯下你的膝盖，把手放在这《圣经》上。"一位法官指着伽利略说。

伽利略费了很大的力气，才将双膝下屈。一个修士将《圣经》拿近，让他的手能够接触到，另一位法庭修士递给他一卷纸。

"你现在开始朗读这份文件。慢慢地大声地读，让制作这份文件的全体法庭人员都能听到。"又是那位法官对伽利略说。

伽利略视力模糊，将文件凑近鼻端。一个身着黄色披袍的修士恐怕光线不足，将蜡烛移近伽利略，他的脸上充满了爱怜之情，将另一只手抚在伽利略的肩上以示劝慰。

伽利略轻声说："谢谢你，神父。"然后，带着口吃的声音，开始朗读他的誓言，"我，伽利略是文新尼塞·伽利雷之子，现年 70 岁，为佛罗伦萨公民，犯罪被囚，现跪伏天主教诸教主之前，我前面放置《圣经》，我用手抚着《圣经》，我誓言放弃、诅咒、摒绝那错误而荒谬的地球运转邪说。"

虽说这位可怜的老人跪在审判他的主教面前，宣誓以后绝对服从教会的命令，而且绝不再宣传"错误的地动说"。可是，他的内心并不屈服，在审判结束退席时，他仍自言自语地说："我虽然不再说地球在运动，但地球仍然是在运动着的呀！"

3. 爱女玛利亚告别人世

　　佛罗伦萨大公爵费迪南德二世，　在他的宫廷数学师的命运尚在天平上未定轻重之前，　没有给予援助。　但当伽利略这位受尽虐待的老人被法庭判决后，　他立刻冒着教会可能感到不快的危险，　要求宗教当局给囚犯以宽容。

　　教皇乌尔班也可能觉得对他的朋友做得有点过分，　当费迪南德二世向他提出要求给伽利略以宽容时，　他也很乐意仁慈些。　7 月间，　审判会准许伽利略离开罗马，　让他减轻这一段不愉快的回忆，　允许他到西恩纳的朋友——大主教皮柯诺明尼的别墅去住，　享受适当的自由。

　　西恩纳这位大主教的豪华住宅，　是意大利将军、　大主教、　枢机主教甚至教皇都住过的大官邸，　伽利略住在这里也确实使他的羞辱和痛苦减轻了不少。　名义上仍然是受教会的看管，　但在主教官邸上上下下每个人都把他当作贵宾看待。在西恩纳的这段日子里，　伽利略的心情好多了，　身体的虚弱也慢慢得到了一定程度的恢复。　同时，　他也常常接到女儿玛利亚从修道院寄来的安慰他的信："我要告诉您，　父亲，　我们这里全体长官、　修女听说您已到西恩纳，　大家都高兴得不得了。　听到这个消息，　院长和很多修女都来拥抱我，　大家都激动地哭了。"

受了这次屈辱，伽利略的情绪异常低落，他在给女儿的回信中这样写道："我的名字已从活人的名簿上剔除了。"

玛利亚知道父亲的情绪仍很低落，就又写信安慰父亲说："说真的，您在这儿比以前更为大家所爱戴和尊敬。不要说您的名字已从世人的辞典中勾销了，因为事实并非如此，您的名字无论是在您的祖国，还是在世界其他国家都是不可磨灭的。而且在我看来，如果您的名誉和声望一时受到损害，那么不久您就会享有更高的声誉，这似乎是很奇怪的，因为据我所知，还没有一个人在他的祖国被视为先知。"

玛利亚从未料理过自己的世俗私有财物，她只在修道院里安静地生活，这次她却替离家后的父亲照管小山庄和花园。她清楚地记录着山庄里的水果卖掉了多少，葡萄因冰雹和被偷损失了多少，她等待父亲的归来。

为了安慰思家的父亲，玛利亚还写信说："您的母驴，在主人走后，不让任何人乘坐；鸽笼里的两只鸽子已经长大，等着您回来吃；园子里的豆荚等着您来摘取，您的塔楼也因您积久不归而悲伤。

"当您在罗马的时候，我心里说：'您要是在西恩纳该多好！'现在您在西恩纳，可我又想：'您要是在阿克瑞特该多好啊！'但愿上帝赐福给我们。"

玛利亚给父亲写的另一封信提及一些依赖修道院送他们粮

食的贫民需要他的帮助。 她还叙说了修道院内一个可爱的修女茜薇亚， 现在患着肺痨， 奄奄一息， 年龄才 22 岁。 她对自己有增无减的虚弱从未抱怨， 但最后， 她还是绝望地哭泣着祈祷在死亡前能见到最亲爱的父亲一面。

伽利略把玛利亚的信拿给大主教皮柯诺明尼看， 希望能回到阿克瑞特去， 陪伴女儿。 大主教很同情玛利亚， 他联合其他几位教会的有力人士， 肯请准允伽利略回到靠近孩子的阿克瑞特去。 建议获得了批准， 但附带有两个条件： 第一， 不得在未获准前去佛罗伦萨； 第二， 住在阿克瑞特期间， 除了到山麻地修道院做弥撒及看望女儿外， 不许离开住所， 不得在住所接待或“一次聚集许多人”， 或举行任何科学演讲。 其实， 伽利略心里非常清楚， 即使不受这些限制， 佛罗伦萨的审判会也会随时注意着他的每一个行动， 并报告罗马。 但现在他已经不再希冀什么， 他只希望能早点见到爱他的女儿玛利亚。

伽利略写信把这个消息告诉玛利亚， 说拘留五个月后获准返家。 但玛利亚的回信使伽利略大吃一惊， 因为玛利亚已经衰弱到连把心里久蓄的喜悦表达出来的力气都没有了：“我想我不会等到那一天了， 也许， 上帝会恩准我这么一次。”

终于在一个凄风苦雨的日子， 父女俩在山麻地修道院的一间接待室里相会了。 在宽大的修女服下， 玛利亚骨瘦如柴，她毫无血色的脸上已印有死神的印鉴，只有眼神中仍闪烁着旧有的温柔。他们谈了许多事情，直到铃声召她夜祷。

"为我祷告，孩子，我最需要你的祷告。"伽利略轻轻地抚摸着玛利亚的头发说。

"我永远为您祈祷，爸爸。"玛利亚回答后很快转过身去，抹了一把眼泪。

就在伽利略回阿克瑞特几个星期后的一天，玛利亚修女被人抬入山麻地修女们永久安息的墓地，她年仅 33 岁，却老得像饱尝悲哀的老妇人一样，含恨而去。

自从玛利亚告别人世以后，古稀老人伽利略终日在山庄散步，他无比孤独，无限忧伤。他也常常一个人到山麻地女儿的墓碑前，抚摸着墓碑，呼唤着女儿的名字，站立好久好久。曾经有一次，天已经很晚了，夜幕笼罩着大地，仆人到处找不着他，打着火把来到玛利亚的墓地，看见他静静地坐在墓碑前，浑浊的泪水已经打湿了眼前的碑座。

伽利略不想去看望他另一个女儿，过去的岁月使这阴沉的孩子变成了一个冷漠、固执的女人。她从没有对她的姐姐表示过友好，她也不能替爸爸分忧。儿子文新从佛罗伦萨来看望父亲时，也没有给爸爸带来一点点安慰，他除了自己的事情外，什么话题也不谈。

伽利略虽然衰弱、憔悴，但他忍住失去爱女的悲哀，转向他最能获得安慰的工作——科学研究。他凄苦地想：不要说我的视力已经衰退得无法用望远镜观测， 即使能观测出新奇的事物， 也不能将新发现公布于世， 这又有什么用处呢?

十三

伽利略在监禁中写成《两种新科学的对话》，大胆提出了"如果一个物体往天上升得很高，重力不可能把该物体拉回来，物体就会继续前进，永不停止"的轨道说。牛顿将其写成两条定律：一、只有力才能推动物体；二、力的大小不同，运动的变化也不同。今天，人造卫星、宇宙飞船及人类对月球的探索就充分证明了伽利略理论的正确性。

1. 乐于培植后学

没有了爱女玛利亚的照顾，没有了朋友们的交往，没有了对科学的研究，这对年过古稀的伽利略来说，确实是一种沉重的打击。待在这小小山庄里，他倍感孤独，整天郁郁寡欢。

一天，一个陌生的年轻人来到小山庄，他对伽利略说明了自己的来意："我叫维文尼， 曾跟随圣芳济修道士学习数学和其他科学知识。 这位修道士劝我来向你求教， 做你的弟子。 伽利略先生， 我愿意不要任何报酬， 来替你分担一点工作， 也分担一点你的孤独。"

伽利略用昏花的眼睛仔细端详着这位年轻人， 思考着他说的话。 他被年轻人的求学之心所感动， 便答应了他的请求， 为自己在困境之中能收下一名学生而感到高兴。

年轻人维文尼的到来， 给郁郁寡欢的伽利略带来了一线生机， 从此， 他暂时忘却了孤独与悲伤， 经常与他的学生一起散步、 聊天、 探讨学业。 他发现维文尼和自己一样，出身于佛罗伦萨的一个世家， 因时运不济， 如今家道中落。因此， 他也越发喜欢这位学生了。

每天， 这一老一少都埋头于教和学， 他们常常因讨论数学问题熬过了一个又一个漫漫长夜。 维文尼天资聪慧， 进步很快， 伽利略常为这位后起之秀感到振奋。 他从不刻意去夸奖某一个学生， 但对维文尼似乎例外， 在一股热情的冲动之下， 他曾激动地说："但愿在罗马的那些损我的人， 也具有像你这样丰富的几何知识。 你还这么年轻， 将来一定会前程远大， 但愿是。" 他哀叹了一声说，"我不会再在此庆祝你的成功了。"

随着时间的推移， 审判会对伽利略的看管有点放松了，伽利略的激情又回到他的科学研究上来了。

"我像你这么大时，"一天，伽利略对维文尼说，"常常自己动手制作玩具，这些玩具都是些小机械和小仪器。后来，我在帕多瓦时，有些人到我家里替我制作，他们仿照我的仪器，如望远镜、显微镜等。

"现在我打算制作些新仪器，我一直想研究船舶和海洋，我终于有充裕的时间来研究了。"

"你乘船远航过吗？"维文尼问道。

"没有，我从来没有这样的机会，也许有一天你会有这样的机会。"伽利略答道，"如今，船只通航全球。但自古以来，船舶本身没有多大变化。譬如说，船只仍然很小，装载不了多少东西，既浪费时间，又浪费金钱。

"再说我们在风暴中还损失许多船只，也许是船的重心太高了。我一定得研究船只的形状和重量，因为帆打湿后就特别重。"

"为什么物体能在水中漂浮？"年轻人问道。

"物体之所以能漂浮，是因为它们比水轻。许多老师说，扁的东西能漂浮，圆的东西往下沉，那是亚里士多德的见解，是错误的。那些老师应该读阿基米德的著作，而不应该读亚里士多德的书。"

"阿基米德是怎么说的呢？"

伽利略给维文尼讲了王冠的故事。"现在你可以做个实验，"伽利略接着说，"把一个罐子装满水，放一个物体进去，会有少量的水溢出来。称一称这部分水的重量，如果这部分水比物体轻，物体就会下沉；如果水比物体重，物体就会漂浮。"

维文尼测试了几种不同的物体，很快就发觉阿基米德完全正确。"这对我们造船又有什么用处呢？"他问道。

"瞧这个铁做的小罐。铁比水重得多，对吗？如果我把这个罐放在水里，它就会浮起来。瞧，浮起来了！为什么罐会漂浮呢？你的实验已经作了回答。"

"这么说，如果船是铁做的，也会浮起来？"

"当然了，船就会像这个罐子那样浮起来。我们不造大船，是因为我们使用木材，木船太大，就不坚固。如果用铁造一艘大船，船就会很坚固，重心也会很低。也许这种船航行较慢，但能装载很多东西。"

许多年以后，人们开始用铁制造船只。他们记住阿基米德和伽利略的实验，因此人们所造的船能毫无困难地漂浮起来。起初，这些船使用风帆，后来又使用发动机，而且船越造越大。1936 年"玛丽皇后"号入海航行，船身长达1000 多英尺。

伽利略的望远镜也使他自己想起了航行的事，他问维文尼："人们环球航行时，怎样辨认方向呢？"

"可以按照星星来判断方位。"维文尼不假思索地回答。

"是的，可你知道那是很困难的。星星又远又小，船只在海上不停地颠簸， 因此人不能平直地拿着仪器。 另外，时钟也不够理想， 如果你要确定方位， 就必须知道准确的时间。 为什么呢， 你能告诉我吗？"

"因为地球在旋转， 所以星星看上去在空中移动。"

"聪明的孩子！ 你讲这种事情时要说得轻些， 隔墙有耳啊！"

他们俩笑了， 伽利略接着说："我打算制作一件专用仪器， 人们可以用它来观察木星， 能毫不费力地确定方位。"

"为什么要观察木星呢？"

"因为木星是最大的行星， 因此找到它并不困难。 人们还可以用望远镜看到木星的四个卫星， 这些卫星每年围绕木星旋转约 1000 圈， 因此木星及其卫星总是能告诉人们正确的时间。"

有人在船上使用过这种仪器， 确实很管用。 但它也有一些缺点， 而伽利略又不能亲自去做实验， 因此人们很快忘记了这种仪器。

2.《两种新科学的对话》

一个初春的早晨， 伽利略正在散步， 突然间他萌发了一种新的念头， 自从爱女玛利亚死后， 他很少有过如此的开心和欢乐。 他觉得自己不能再研究天文学了， 因为教会是不能饶恕他的， 那么为什么不去从事另外一种"安全" 题目的研究呢？ 他早期的兴趣不正在数学和物理学上吗？ 他一下子联想到了动荡的钟摆、 脉搏仪、 温度计、 斜塔实验、 两脚规等等。

他决定把他的研究仍采用希腊哲学家惯用的对话方式写下来， 第五个题目同样利用三个辩论人的讨论来完成， 论题的范畴不再是天文学， 而是比较安全的物理学。 伽利略在书中以最长的篇幅解释他对落体定律、 动能、 热能和重力的观点。 但他万万没有想到正是在他去世的第二年， 在英国出生了一个小孩， 继续了他的研究， 坚持了这一真理。 哥白尼、 伽利略、 牛顿⋯⋯一个接一个地把这火炬传递了下去。

伽利略把他的这本著作， 即多年来科学实验的结晶命名为《两种新科学的对话》。 书稿完成后， 他用年轻时的那股热情劲写信给一位朋友说："这本书比我以前出版过的任何一本书的内容都要优越⋯⋯因为它包含有这些结论， 这些我认为是我所有的研究中最重要的结论。"

由于伽利略被审判会判了刑， 因此， 他的这本晚年著作既不能在罗马出版， 也不能在佛罗伦萨出版。 他的朋友麦肯齐欧修士曾向威尼斯的宗教审判官申请出版伽利略这本书， 审判官把禁令告诉了麦肯齐欧， 根据禁令， 伽利略的任何著作， 无论是过去的还是现在的都不得出版。 麦肯齐欧生气地质问道： 难道伽利略想编一本"祈祷文" 也要被禁止吗？

当麦肯齐欧把这一情况写信告诉伽利略时，伽利略才真正意识到了问题的严重性。

于是，万不得已的伽利略把偷偷抄写的书稿交给一位非常敬重他的科学家带回荷兰出版。这件事又使伽利略想起了哥白尼，哥白尼是在去世前的一刻，才见到他自己的不朽著作的出版，难道这件事也要在我伽利略身上重演吗？

1637 年，《两种新科学的对话》印刷完成，为了避免宗教法庭的干预，伽利略极力否认自己与该书的印刷有关，他对宗教会议辩解说："手稿我曾让几位科学家过目，但我当时并不知道他们打算印刷这本书，我以为他们只是想读一读而已。"

宗教会议极为恼火，伽利略的朋友却笑了，他们说："他已经 74 岁了，眼睛也看不清了，但罗马的达官贵人们仍然惧怕他那支笔的威力！"

也算幸运，伽利略的那群罗马敌人，正忙于三十年战争，腾不出更多的时间来追究他的"违法"，而读过此书的人，也确实找不出什么违禁之事，因此，审判会逐渐不再过问此事。

《两种新科学的对话》主要讲的是物理学基础领域中的两个课题，即物质结构和运动定律。伽利略巧妙地把两个问题结合在一起，提出自己的见解与看法。

这两种科学中的第一种确实是崭新的研究领域，在伽利略以前还没有人讨论过物质结构或提出过材料断裂强度理论。伽利略首先从杠杆定律和固体各部分内聚力均匀分布的假设入手，提出一系列定理，从而把人们已经掌握的知识系统化，并用数学演绎法进一步得出许多结论。他的一个很有趣的发现是：以相同材料、相同比例构成的任何物体，其大小都有一定的限度。

伽利略提出的第二门科学是关于自然运动的科学，其目的就是为了回答"物体怎样运动和为什么运动"这样一个问题。亚里士多德就此发表过一些见解，但大多是错误的。在伽利略之前，很少有人对运动进行过真正的研究。而伽利略很早就注意观察生活中的"力"，曾经研究过静水力学、坠体定律、力之增加与速度之丧失等，现在他又在进一步研究黏着力、折断之阻力、运动、等速运动、加速运动、投射的路径等问题，确实总结出了不少科学的定律，纠正了亚里士多德的一些错误，把研究运动的理论向前推进了一步。

3. 通向月球的道路

晚年的伽利略虽说是在审判会的监视之下服刑，一切行动都失去了自由，但他并没有放松对科学的研究。《两种新科学的对话》发表之后，他仍然在探讨自然运动的各种规律，并不时地向维文尼传授新的知识。

"如果一个物体是静止的，那么它怎么能运动呢？"有一天，伽利略向维文尼提出这个问题。

"一定有某种力在推或拉这种物体。"维文尼回答说。

"这就对了。那么有哪些力呢？天空中只有一种力，那就是重力，如果一个物体往天上飞得很高，重力不可能把该物体拉回来，物体就会继续前进，永不停止。"

"永不停止！"维文尼极为惊愕，连问题都不会提了。

伽利略紧接着说："别害怕，你不会从地球上飞出去。就在这下面，有很强的重力，还有许多其他的力。比如说，你用大炮发射炮弹时，会出现什么情况呢？"

"炮弹会笔直向前冲一下子，然后突然掉下来。我们学校的老师是这么说的，老师说得对吗？"

"当然不对，那是亚里士多德的见解。你们的老师讲过这是什么原因吗？"

"他说两种力不能同时推动一个物体。因此，正当大炮的力把炮弹向前推进时，重力不可能把炮弹拉下来。"

"他完全错了，"伽利略说，"重力会立即开始将炮弹往下拉。同时，风力也会把炮弹往一边推。因此，有三种不同的力作用于炮弹。还有第四种力，是什么力呢？"

"空气，"维文尼回答说，"空气要阻止炮弹前进。"

"对了。现在来看看这张图。"伽利略拿起铅笔和纸，画了一门大炮。

"炮弹离开炮口时会怎样呢？ 起先， 大炮的推力大于重力， 因此炮弹会上升。"

"但是， 这个推力会逐渐减弱， 因为重力和空气不断阻止炮弹前进。 重力会慢慢地把炮弹往下拉， 使其离开 AB 线， 向下落。"

"这么说， 炮弹不是沿直线前进， 而是沿曲线前进的吧？" 维文尼问。

"对。 当重力与大炮的推力刚好相等时， 炮弹就处于曲线 C 的顶峰。 然后， 炮弹就开始下降， 但不是笔直下降， 为什么？ 因为大炮的力在继续把炮弹推向前进。"

伽利略的看法对吗？ 物体能飞上天空而"永不停止"吗？ 当时许多科学家认为这是不可能的， 他们觉得伽利略晚年的见解只是一个老年人的梦幻而已。

牛顿却说："这些看法是正确的， 我们可以把这些见解写成科学定律。

"第一定律： 只有力才能推动物体， 没有力就没有运动。 一个物体开始运动时， 是沿直线运动的， 只有在外力推或拉该物体时， 物体才能偏离直线。

"第二定律： 力的大小不同， 运动的变化也不同。"

以上两条定律虽说是牛顿提出的， 但实际上是来源于伽利略的心得， 换句话说， 是牛顿用科学的语言阐明了伽利略的见解。

牛顿还研究了伽利略的轨道学说。有一天，牛顿说："我要把物体送入环绕地球的轨道，我们知道重力在空中较弱。如果我们想摆脱重力，得上升多高呢？两英里？十英里？我们不知道，必须进行实验。

"如果我从高山上将一颗炮弹射入空中，炮弹会进入轨道吗？也许不会。我总是乐于从错误中吸取教训。"

当然，他说的那座山不高，但他的看法是正确的。大约300年后，1957年，第一颗人造卫星射入环绕地球的轨道，这颗卫星是苏联人制造的"卫星"1号。"卫星"1号绕地球一周需要96分钟，其轨道最低点是在离地球215公里的上空。

1961年，苏联人加加林乘坐"东方"1号宇宙飞船进入环绕地球的轨道，绕地球飞行一圈，其轨道最低点是在离地球180公里的上空。

与此同时，人类也在试探通向月球的道路。1959年，苏联的"月球"2号探测器在月球着陆。此后，"月球"3号环绕月球后返回地面，该探测器绕到月球背面时拍摄了许多照片，对科学研究极为有用。

美国人也不甘落后，1968年，美国的"阿波罗"8号搭载三人绕月球运行后返回地面。1969年，"阿波罗"11号在月球着陆，两位宇宙飞行员走出宇宙飞船，在月球上行走。

在走向月球的同时，美国人也向行星发射探测器。1962年"水手"2号接近金星，1965年"水手"4号接近火星，这两个探测器都通过无线电把照片发回地球。

在我们倾尽力量开发宇宙的今天，绝对不会忘记是伽利略最早向人们指明了通向月球的道路，是他的一系列理论与发明带给后人许许多多的启迪与思索。

十四

夕阳西下，晚年的伽利略双目失明，无法再去观测和演绎天空、地球、宇宙，但他仍在黑暗的境遇中探索昔日的发现和未完成的发明。

1642 年，78 岁的伽利略背着沉重的十字架，带着无尽的遗憾离开了人世。

1992 年，历经 300 多年，梵蒂冈终为自然科学家伽利略恢复了名誉。

1. 双目失明

1637 年的夏天，伽利略感到他的视力愈来愈差，眼前一片昏花，有时把书放到鼻子尖前才能隐约看清一点。这样不到一年工夫，右眼完全失明，而左眼的视力也极度衰弱。1638 年 12 月，左眼也经不住劳累，视力完全丧失，至此，伽利略的双眼完全失明，成了一个名副其实的盲人。这一无情的灾难，对于一个喜欢观测天象、热心研究运动的老科学家来说，　无疑是一种沉重的打击，　因为它比以往任何一次迫害都更残忍。　伽利略曾痛苦地、　慢慢地口授了一封信给他的一位朋友，　这位朋友是居住在巴黎的自由派新教徒，　曾帮伽利略把他的《关于两种世界体系的对话》　一书传播到新教世界。

　　伽利略在信上这样写道："可敬的先生，　你来信询问我的健康情况。　现在我可以告诉你，　我的体力恢复了很多，　但是，　你忠实的朋友伽利略已无可救药地完全失明了。　这天空、　地球、　宇宙，　我曾经越过以往若干世纪的限制，　将它放大 100 倍和 1000 倍以上去观测、　去演绎，　如今，　我自己却只能萎缩在一条狭缝中。　这会使上帝喜悦，　因此，　也将使我乐天知命。"

　　佛罗伦萨卓越的数学家卡斯特里教授，　对他敬爱的老师的双目失明感到十分难过，　他说："大自然中一双最高贵的眼睛失明了！　这双禀赋特异的眼睛见到前人所未能见，　为后来者开启了宽敞的能见之门。"

　　卡斯特里是个行动派的教士，　也是伽利略的忠实门徒，他不仅在言语上安慰伽利略，　还联合有影响的人士向罗马要求准许伽利略去佛罗伦萨就医。　但是，　这一请求遭到驳斥，审判会认为佛罗伦萨医生赴阿克瑞特给伽利略看病应无困难，并暗示，　要求太多将对伽利略不利。

　　在这种不利的时机中，　卡斯特里又作了另一请求，　他请求宗教会议准许伽利略搬到他儿子在佛罗伦萨的住处，同时附有医疗诊断证明书，说明伽利略身体虚弱的状况，并宣布了他双目失明的消息。最后，反对伽利略的人认为，此时的伽利略已没有什么可令人担忧的了，所以就答应了这项请求。不过，他们仍然要求，在伽利略搬入儿子住宅前，必须到佛罗伦萨审判庭接受一次审判。

要离开小山庄了，伽利略首先想到的是告慰他亲爱的女儿的亡灵。一个风和日丽的中午，在仆人的搀扶下，伽利略来到山麻地女儿的墓前，他轻轻地抚摸着女儿的墓碑，任凭眼泪一颗颗地从面颊上滚落，他自言自语地说："我的玛利亚，从现在起，我要到佛罗伦萨城你弟弟那里去住，离你墓地太远，不能常来看你了！但你一定要知道，爸爸时刻都在记挂着你。"

来到佛罗伦萨，在接受审判庭的审判时，审判会的法官告诫伽利略，必须遵守三条：第一，除了到距儿子家最近的教堂参加弥撒外，不得擅离住宅；第二，任何情况下不得与任何人谈论哥白尼学说；第三，任何时候不得接见任何宗教法庭认为可疑的邪说分子。如果违反了以上规定，他将被终身监禁在牢狱中，并且被逐出教会。

对于一个双目失明的古稀老人来讲，这个时候，他考虑最多的仍是自己的事：

太迟了！那本《关于两种世界体系的对话》已经被你们

审判会帮忙宣传得声名远播，　欧洲的自由学者几乎全都读过了。　我现在已无法进行天文观测，　无法发现新的天体，　因此，　对哥白尼学说也就没有什么新东西好谈的了。

这位老科学家温顺地听着法官的告诫，　默默地想着自己的心事，　并答应遵照宗教法庭的意见，　然后由儿子文新搀扶着回到家里。

在儿子家里居住的这段时间，　伽利略除了求医看病，　到附近的教堂做弥撒外，　绝大多数时间都待在家里。　他被禁止走亲访友，　也不允许昔日的朋友来和他聊天，　只有天天在家里品尝着儿子的冷漠，　忍受着儿子的霸道。　他曾试图从儿媳妇薛蒂莉那里得到一点亲情，　可是，　儿媳妇忙于家务，　没有时间来听老人的谈话。　幸运的是，　他的三个小孙子倒很喜欢他，　这三个小宝贝常常是放弃做游戏，　一块儿来缠住他，围在他的膝前，　听他给他们讲新奇的、　动人的故事。　当伽利略要教孙子们学习一首新歌时，　小孙子们总是叫嚷着要他用琵琶为他们伴奏。

曾经有一次，　伽利略唱了一首很久以前自己为昔日的情人玛丽娜作的歌曲：

　　　　我已寻遍卡拉布里亚，
　　　　伦巴底和多斯卡尼，
　　　　罗马、比萨、卢卡、热那亚，

在海与海之间；

…………

唱着唱着，他突然停下，哭了起来，浑浊的眼泪一串串从老人清瘦的面庞上滚落下来。歌曲把他的思绪带到了昔日在帕多瓦的生活，情人玛丽娜深深地爱着他，为他操持家务，为他分担忧愁，为他生儿育女。歌曲使他联想到了自己的青壮年时期，为了真理，他顶着被学校当局解聘的压力，和亚里士多德派教授展开了激烈的斗争；为了科学，他不惜牺牲自己的生命，勇敢地去观测、发现宇宙的奥秘，证明被教会禁锢的哥白尼学说的正确性。

三个孙子并不理解此时此刻祖父的心情，他们推着、摇着祖父，要他"再唱，再唱，这好美的歌曲"！

伽利略抚摸着自己可爱的小孙子的头，无可奈何地撒了一个谎："我已经忘记其他的歌词了。"

孩子们再次央求他："爷爷，那就把你刚才唱的那一段再给我们唱一遍吧！"

伽利略紧紧地搂抱着三个孙儿，轻轻地说："孙儿，爷爷下一次再给你们唱吧，现在，爷爷累了，需要休息。你们可以到外面去玩，在太阳落山前一定要回来，不要让妈妈再去喊你们！"

三个孙子看见爷爷掉眼泪，不肯给他们唱，就一块儿跑到院子里去玩了， 他们又是喊， 又是叫， 又是说， 又是笑， 天真烂漫， 玩得很开心。 伽利略听着孙儿们在院子里玩， 就把琵琶搁在一边， 独自坐在那里想自己的往事。

2. 未竟的事业

双目失明， 对一个遭受宗教法庭监禁的科学家来说， 无疑是雪上加霜； 生活的孤独， 儿子的冷漠， 对一个年过古稀的老人来讲， 更是加深了心灵上的痛苦和压抑。 为了适应这生命的最后黑暗， 承受这老人的晚年孤寂， 不至于使自己发疯、 发狂， 伽利略每时每刻都强迫自己沉浸在回忆之中， 他不断地寻求昔日的乐趣， 尽量多地找回昔日的发现和发明。 那教堂里的灯摆， 测量病人血脉的仪器， 比萨斜塔的重力实验， 温度计的发明， 望远镜、 显微镜的研制等无时无刻不激起他心中的活力， 他干瘪的手跃跃欲试要去创造， 他依然活跃的脑子已经开始设计新的构想。

在一个月明星稀的夜晚， 孩子们在院子里玩捉迷藏， 儿子、 儿媳在忙着家务， 伽利略坐在自己的屋子里， 脑子在不停地运转， 他在想着自己的设计， 思索着对新设计的制作。 他喊来了儿子文新， 把自己的新设计告诉了他："假使有人能将一只普通的钟配上一个摆， 它可以走得更准确。 这是一个平衡问题， 这一点我以后会解释给你听。 目前， 市面上尚未有这种钟出现，这项发明可是一笔财富。"伽利略非常清楚，儿子文新对赚钱的事最热衷。

"你现在怎么能够做呢？"文新问父亲。

"假若你能找来一位聪明的机械师，我会……"

文新带有讽刺味道地打断父亲的话，说道："让他把你的发明偷去？原谅我，爸爸，你从不曾做过生意。我可以抽出时间来，你只要告诉我怎样进行，我会把图绘下来，然后去找一个技匠商量，每次只给他一部分图纸，让他教我怎么做，然后我自己做成这种钟。"

听了儿子文新的话，伽利略摇了摇头，表示了他对这个计划的怀疑。他知道，说服文新请帮手到家里来是办不到的。从这以后，他要文新担任他的秘书，书写信件，有些信是写给欧洲科学家的，文新总是推托没有时间。文新只想把每一分钟都用在谈论制造钟摆上面，他想在父亲去世以前能把这项发明的模型制作出来。

科学家第谷选用秘书开普勒的事例经常在伽利略的脑海中萦回。他常想，如果我能雇到一位秘书，不但我的大宗来往信件可以得到整理，而且他还可以听取我这被人遗忘的学者的思想。如果从我过去教过的学生中找一个来，审判会能答应吗？伽利略经常忧虑：灵感上获得的新观念、新发明，如何才能使之记录下来，不被遗忘呢？

伽利略还是鼓足勇气，把自己的想法告诉审判会。最后， 佛罗伦萨审判会宣称替他找到了一位能担任秘书工作的人， 伽利略很高兴。 这位被选来做秘书的人名叫雷瑞尼， 他机敏聪慧， 而且也非常高兴能有机会替伽利略这样一位天才科学家工作， 为此， 他甚至不理会审判会可能对他的怀疑。 虽然说他不能公开表达自己的看法， 但他相信伽利略科学上受到的误解总有澄清的一天。 伽利略也感觉到了秘书对他的敬重和爱戴， 最令他高兴的是， 雷瑞尼本身的学问以及研究成就， 对年老体弱的伽利略来说， 尚有多方面的帮助。

雷瑞尼既忠诚又有耐心和技巧， 能将伽利略任何纷扰纠缠的口授语句清晰地记录下来。 对此， 伽利略非常高兴， 他曾对一位来看望他的朋友这样说道:"我的记忆力随着年龄增长而减退了， 有时， 我必须靠秘书将前面一句再念一遍才能说出我的下一句， 不然， 我会把一句话三番五次地重复不休。 可我的秘书头脑很清晰， 无论我的思绪如何紊乱， 我的话如何颠三倒四， 他都能够很快地理出头绪， 有条有理地记录下来。"

文新注意到他父亲和这位秘书间的情感在日益加深， 十分嫉妒。 有一天， 他终于控制不住了， 就趁雷瑞尼不在时， 大声指责父亲将摆钟的秘密告诉了秘书。 对儿子毫无根据的指责， 伽利略很生气， 说:"文新， 我真怀疑你是我的儿子， 脑子那么愚钝， 手脚更是笨， 当我还像你大儿子那么大时， 就已经会替弟弟妹妹做一些有轮有轴的小玩具给他们玩。你应该继续做这些工作，这比你在酒馆赌博安全有用多了。我可以向你担保，我不会把那种发明告诉雷瑞尼和其他任何人的。"

尽管伽利略已经向儿子作了保证，但文新并不相信，仍然继续监视着父亲和他的秘书，这使伽利略感到格外气愤，他要求宗教法庭让他搬回到阿克瑞特去住。他说："我来佛罗伦萨是为了接受治疗，但现在我已知道，医师早已无能为力。我宁愿回到我的小山庄度过我最后的日子。我要回到我的花园里散步，我要去墓地看我的女儿。"

"有谁来照顾你？"审判员问他。

"我的秘书，他已经成为我的儿子。"伽利略很郑重地回答。

伽利略回到阿克瑞特山庄后，仍然信守着他对文新所做的承诺，并没有将制造摆钟的事告诉他的秘书雷瑞尼和学生维文尼，尽管这事让他们做起来会更快更好。

梦想成为科学家的文新，对父亲越来越不放心。自从父亲从佛罗伦萨搬回阿克瑞特山庄以后，他每周来父亲住所多次，并且常常带着薛蒂莉一道来，让她看守着门户，不让别人闯进来听到他对摆钟进度所作的报告。

对于文新的频繁往来，伽利略颇感奇怪。有一次，他问文新："你为什么要那么急着把它完成呢？我从不知道你对任何事情有过这样长久的兴趣哩。"

　　文新以一种从未有过的温情对父亲说："我知道你认为我只是一个没有出息的政府小职员。 我也知道， 你很伤心， 伤心你唯一的儿子， 虽有你这样显赫的父亲， 却没有一点成就。 如果我把这项发明做成功了， 你会高兴地再认我是你的儿子。"

　　"亲爱的儿子， 愿你在天的真诚圣洁的姐姐替你说情， 你实在比你爸爸更会说大话。" 伽利略笑着说。

　　文新在父亲的指点下， 继续进行着摆钟的实验， 只是进展很慢。

　　这个时候， 大公爵费迪南德二世， 对他的宫廷老数学师伽利略的礼遇又加深了一步， 因为现在伽利略不再有护卫邪说之嫌， 他把宫廷藏有的好酒美食馈赠伽利略， 然后乘坐镶金大马车直接到伽利略居住的小山庄来探视， 审判会也无意阻挠， 因为已没有人怀疑大公爵和伽利略及其他任何人研究和探讨科学问题。 1641 年冬天， 寒冷给伽利略带来了一场疾病。 费迪南德二世这位虽说有些软弱却十分仁慈的统治者， 常常到伽利略的病榻前看望他， 和他谈论那漫长战争的最新进展和一些宫廷琐事。 有一次， 学生维文尼提醒伽利略该服药了， 大公爵坚持要亲自喂伽利略汤药。 当时， 薛蒂莉也正好在场， 她早已被大公爵亲自来看望公公弄得兴奋而紧张， 她竟大声喊叫在花园中玩耍的孩子们进来， 示意他们看看祖父是如何受到皇族的款待的。

据历史记载，大公爵口中曾说过这句话："我只有一个伽利略。"他是站在当地最高统治者的地位说这句话的。

除了大公爵及一些朋友不断来探视病中的伽利略外，一些陌生的朋友也慕名前来访问，英国诗人及评论家约翰·弥尔顿来过，他们追忆过各自往昔的生活，谈论了今后的打算。只是弥尔顿绝对没有想到，在 20 多年以后，他自己也失明了，他在女儿面前口授写作《失乐园》，并引用了很多哥白尼的学说。意大利数学家与物理学家托里塞尼来过，他和伽利略互相交换了各自制作温度计的经过和成果……

3. 科学巨星的陨落

伽利略卧床不起后，审判会对他的监视也放松了许多，他在佛罗伦萨的朋友也经常来看望他，他的秘书、学生以及国内外爱好科学的年轻人更是深深地爱戴着这位老人。伽利略的心情也好多了，只是随着年龄的增长，疾病的折磨，身体每况愈下，一天不如一天。越是在这种时候，他越是思念自己的亲骨肉。他知道他已不能够看见他的大女儿，而冷漠的小女儿也不会来看望他。从慕尼黑传来消息说，他的弟弟米盖及老婆孩子全都死了，这使他感到很伤心，他很后悔早些时候弟弟一家来这里小住时，他没能更忍耐些、更好些，他更哀叹自己不久就要看到他们了。

在一个清冷、晴朗的日子里，伽利略让他的秘书从佛罗伦萨请来一位公证人，立下他的遗嘱。他遗赠一小笔钱给他的小女儿亚肯吉（丽薇的教名）修女，他知道亚肯吉没有什么需要，但他这最后的表示可以让这冷漠的女儿知道父亲并不曾忘记她。其余一笔不小的财产全给了儿子文新。伽利略要求文新，他死后，一定要把他埋藏在靠近父母的圣它克罗教堂附近的墓地。

公证人扶着老人颤抖的手在遗书上签了字，老人想着自己很快就要离开这个世界，很悲伤，泪流满面，泣不成声。

伽利略心力交瘁地伏在枕上。他的宇宙，已缩小成一间黑暗的屋子，马上又要缩小成一个更小的牢笼，和她的爱女玛利亚最后休息的地方一样。他相信他的女儿已不在那里，已经走进了天国，走进了和平的乐园。在那和平的乐园里，有伟大的诗人但丁、亲爱的贝尔瑞斯，他们像一颗颗明星，永远闪耀在意大利人的灵魂中，这会带给他安慰。他的爱女玛利亚，虽说不如贝尔瑞斯那样美，但有谁能比她更可爱？在天国的乐园里，有但丁、有他的女儿、有……他还有什么可害怕的呢？

佛罗伦萨的名人、贵族、宫廷不断地问候、关怀病中的伽利略，罗马教皇乌尔班八世写信祝福他的朋友，当文新念着羊皮纸上盖有独一无二的教皇玉玺的慰问文件时，伽利略似乎没有在听。念完后，文新把文件折得妥妥帖帖，珍藏起来，把它作为父亲留下来的最宝贵的荣誉遗产。但当儿媳薛蒂莉俯身征询公公是否要去请一位教士来的时候，伽利略似乎已经懂得，这是他最后一次接受教堂给他的安慰仪式，他点点头，表示乐意接受。

1642 年 1 月，伽利略，这位 78 岁的意大利科学家在与死神进行着最后的较量。他用双手紧紧地拉着床单，失明的双眼在用力地睁大，似乎想再认真看看这周围的一切，看一看他的望远镜，看一看他的小山庄。可怜的伽利略在死亡线上挣扎着，垂死的目光无法穿越黑暗的屋子，他心里在想，教士已替他忏悔，他已获得饶恕，他可以安静地走了，但他觉得仍然有好多事还没有准备好。

他在感慨，我如果仍在盛年时期，有着青春的活力，我一定为我们伽利略世家带来财富、荣誉，现在，我老了，瞎了，走不动了，但只要我还能挣扎得久一点，一年，一个月，甚至一个星期，让我教文新把那只摆钟完成。

他在默默地祈祷：主啊！当我观察到教堂内悬挂的吊灯有规律地摆动时，我就知道我能驳倒亚里士多德。现在我必须利用一切时间做出一个测时用的摆钟，但那圆圈还没有画完，还有许多的记录……我的工作还没有做完，是啊，一个人工作了差不多 60 年，最后仍要强迫他离开，把那些散乱的工具和没有完成的工作留在工作台上，这是多么的不公平。

主啊！我常想寻找真理，我已在许多地方找到了它。我只走入歧途一次，因为我是一个凡人，一个在生病、在害怕的俗人。我多次想起火刑柱上的布鲁诺，我也多次回忆着法官叫我念的悔改书，我悔恨、我羞愧。其实，从我违背真理的那一刻起，我便一直祈求您的饶恕。我该接受应得的惩罚，也许我双目失明就是您要我接受的惩罚。

主啊！我回到您的世界，我可以恢复我的视力吗？您会允许我再继续研究那些星球，描绘您布满天空的奇景吗？

…………

他干枯的手不再在失明以后的黑暗中探索，他清瘦的脸上不再有忧伤和迷惑的不悦，他已经祈祷，不再害怕。1月8日，一个阴沉的日子，伽利略老人带着微笑、自信，告别了亲人，告别了朋友，告别了生他养他的佛罗伦萨，平静、安详地离开了这个世界，享年78岁。

4. 巨星陨落之后

伽利略逝世以后，他的学生维文尼被聘为佛罗伦萨宫廷数学师，维文尼在遗嘱中立下了一大笔基金，准备用作建筑伽利略纪念碑之用，在他的遗言中，他要求死后如同生前一样和他的恩师永远在一起。

一个世纪过去了，罗马也不曾让伽利略有一个更荣誉的墓地，连追悼演说也在禁止之列。他的追随者们想为他立一块纪念碑，也没有得到教会的许可。

1737 年，意大利国民为了纪念这位不朽的先驱者，在佛罗伦萨圣它克罗教堂举行了一次盛大的集会。人群中有城邦教会的代表、意大利各大学学者、来自欧洲各学术中心的名流、穿着整齐的佛罗伦萨公民、外国政府代表、城市工人、小商小贩……络绎不绝，摩肩接踵。

在肃穆的气氛中，伽利略和维文尼的遗骨被安葬进了他们的新墓地中，在这块墓地中躺有不少多斯卡尼的名人，然后是一束束敬献的鲜花，追悼演说，纪念这位他们迄今未忘记的科学家的光荣和成就。

在人群中，有不少人曾年复一年地徘徊在这位科学家的墓旁。如今，伽利略的新墓和高大的纪念碑矗立在教堂，让世世代代的人景仰追慕。

哥白尼、伽利略的学说，仍然是经历了许多年后才被世人接受，他们的著作才被解禁。1822 年，各天主教大学才被教会允许可以自由讲授伽利略所解释的哥白尼理论。今天，每一个小学生都知道地球是围绕太阳而转动的，地球是太阳系九大行星之一。

直到 1992 年，罗马教皇约翰·保罗二世才为自然科学家伽利略恢复名誉， 宣布 17 世纪对伽利略进行的宗教审判是毫无根据的， 300 多年前的冤案终于昭雪。

伽利略的一生是伟大的， 他所开辟的实验科学的道路改变了人们的思维方法， 引导人们进入近代科学， 他在科学史上将永远是一个不朽的人物。 正像法国科学家特鲁萨尔特说的那样：“在科学的领域里， 我们都是伽利略的学生。”